到倫敦
London
打工度蜜月

文・攝影—黃柳青 Cilia・李建偉 Wei

CONTENTS

Part 1
如何在英國打工度假？

007

Part 2
倫敦交通

024

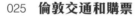

Part 3
倫敦遊玩

034

Part 4
倫敦日常

139

Part 5
後記

187

6 免費 WI-FI

　　倫敦市中心的牛津街，整條街都有提供免費網路，相當的方便，還有每個圖書館裡都有免費的 WI-FI，其他就是各大機場都可免費上網，有時只要在官網填入手機號碼就有 30 ～ 60 分鐘的免費上網，曾經在瑞士機場轉機時，我就輪流用手頭上的 3 張 SIM 卡輸入，就有好長時間的免費網路可以使用。

INFO

英國可索取 SIM 卡的網站
進入各網站後，選「MOBILE」頁面，再選「Sim card only」即可開始填資料索取。
1. GIFFGAFF：giffgaff.com
2. VODAFONE：vodafone.co.uk
3. O2：o2.co.uk
4. EE：ee.co.uk

肯辛頓公園有著清爽的空氣

進入英國後注意事項

01 註冊 Oyster Card（牡蠣卡）

倫敦專用的交通儲值卡，類似臺灣的悠遊卡，在機場就可以買到，拿到後一定要趕快上網註冊，這樣遺失了還可以補發，當時我們沒有註冊，不小心弄丟一張，裡頭儲值的 40 英鎊就拿不回來了，所以一定要記得到倫敦交通部官網註冊 OYSTER 卡。

INFO
倫敦交通部官網
🚇 tfl.gov.uk

02 在期限內到郵局領 BRP

入境 10 天內且須在臨時簽證到期前領取，記得一定要去當時辦線上簽證時指定的郵局領取。

03 索取 NI 的申請表

NI 是國家保險「National insurance」的縮寫，要在英國找工作一定要有這個號碼，在薪資單上可以看到雇主會每週扣 NI 的稅。要入境英國後，才可以索取申請表，記得手邊要有護照，方便回答問題。

04 索取 NI 表格的方式

1 親自去 Job center plus

可以在網站輸入居住地的郵遞區號，即可找到最近的 Job center plus。

2 打電話

會收取電話費用，若是使用手機聯繫，記得要有足夠的額度。服務人員會問一些個人資料，手邊最好要有護照，有點像是入海關時，移民署會問的問題，就照實答即可，一定要等人到了英國才可以打，因為要寄申請表給你，他們會問郵遞區號、住哪條路幾號。Wei 當時聽不懂英文，是我幫他打的，可以請人幫忙回答沒問題。

最後他們會給一個參考號碼（Reference number），把這號碼抄下來，如果 15 天內都沒有收到寫有 NI 號碼的信，就可以打電話追蹤。收到 NI 的申請表大概要六天左右，所以如果住在臨時的日租套房，要記得跟屋主說請他們留意信件，我們是一直住到信收到為止。

INFO

Job center plus
🖳 los.direct.gov.uk

以電話索取 NI 號碼的相關資訊
◎ 星期一～星期五 08：00–18：00
☎ 0800 141 2075
📠 0800 141 2438
🖳 www.gov.uk/apply-national-insurance-number

寫申請表格要注意如下幾點：

1. 只能用黑色筆（所以要帶一支黑筆去英國）。
2. 全部用大寫的書寫。
3. 寫錯不可以用修正帶修改，直接劃掉重寫並簽名和寫日期在旁邊。
4. 將文件中提到的影本資料附上寄到指定地址，大約兩週內會收到印有 NI 號碼的信件就可以找工作了，NI 卡會比較晚寄來，記得留意有沒有收到卡片。

NI 信件非常的好用，可以當做地址證明，幾乎後面的流程都要等到 NI 信件才可以申辦。回臺灣前，要辦理 NI 退稅的話，可跟公司要 P45 的表格，還有上網下載 P85 表格，填寫好後寄到如下地址即可。

INFO

P85 表格網址
🖳 www.gov.uk/government/publications/income-tax-leaving-the-uk-getting-your-tax-right-p85
退稅表格寄件地址
Pay As You Earn and Self Assessment
HM Revenue and Customs
BX9 1AS
United Kingdom
退稅相關官網（也可查詢稅額資料）
🖳 www.gov.uk/browse/tax/national-insurance

05 開戶

　　說到英國銀行開戶，我們人在臺灣時就有發現非常困難，所以試圖在臺灣就先上網填好各種資料，還請英國當地銀行寄最後一步的資料給我認證，但後來一直到出發前都沒有收到，到了英國再去問，才知道根本無法開戶。

　　一般在英國開戶一定要有地址證明，地址證明就是 NI 信件或是找到工作的雇主證明，文件上會載明在英國居住的地址，算是正式文件的一種，如果還沒有找到工作就想要先開銀行帳戶，那護照、NI 信件、BRP 一定要帶，最好帶電費帳單當地址證明。而我們是找到工作後才開戶，當時拿著 Wei 公司的雇主證明想說應該萬無一失，結果到一家 Barcalay 分行，承辦小姐說他們開戶會問一些問題，但是當時 Wei 還無法用英文溝通，需要有第三公證人，所以我不能當 Wei 的翻譯員，必須要使用他們銀行合作的翻譯人員幫 Wei 翻譯（待銀行問完話後，確認 OK 才可以完成開戶）但擔心無法負擔費用，我們就沒請銀行的翻譯。

　　後來到臺灣的匯豐銀行倫敦分行，也因無法提供他們要的財務文件而不能開戶，但當時一位華人接待員建議我們，可以試著去 Wei 公司目前有在合作的銀行試試看，一聽完馬上跑去他推薦的銀行，果然順利開成了，真的很感謝那位熱心的行員提供這資訊，讓我們不用再白跑好幾趟。在英國開戶是件超痛苦的事，我們一共跑了四五家銀行才完成開戶，建議可以事先問好上班的公司合作的銀行，不然就算拿到公司的聘任書（雇主證明），要去其他銀行開戶也可能是很困難的事。

06 申請 GP（General Practitioner）

　　英國的國家醫療體系稱 NHS（National Health Service），有點像我們的健保，需帶護照、簽證、BRP 和地址證明申辦。

　　在英國看診，需要先預約才行，所以要去註冊家庭醫生（GP：General Practitioner），只要到住家附近有提供 GP 註冊的醫院或診所，到櫃檯說要註冊，他們會給你表單填寫一些個人資料和健康狀況的資料，有點類似我們臺灣到診所初診掛號會填寫的表格，填寫完後，要過幾個工作天就會收到 NHS 的卡片。

07 申請圖書館借書卡

　　英國的圖書館有相當多的書和 DVD 可以免費借用，在我們當時居住的地方，20 分鐘內車程可到的圖書館就有四家，還有免費的社區英文會話課可以上，可以認識很多當地的外來居民，圖書館還有免費 WI-FI 和桌上型電腦可以使用，也可以付費列印文件，有時坐著看書也會有一些當地居民因為好奇來找我聊天，算是可以認識當地朋友的管道之一，圖書館借書卡申辦時，只要帶可確認身分的文件和地址證明到各圖書館辦理，但圖書館有很多扒手，要留意財物和重要文件。

---

08 國人國外救援

　　駐英國代表處 24 小時急難救助電話：（07768-938765），及駐愛丁堡辦事處 24 小時急難救助電話：（07900-990385）

倫敦街景

如何在英國找工作

　　英國這麼大，到底要在哪裡落腳呢？其實想也不想就決定在倫敦這個大城市，工作機會也比較多，為了讓 Wei 一到英國就有工作，還沒有出發前，就上網幫他找工作，線上問了好多家，終於有一間修腳踏車的店願意讓 Wei 去試試，開心約好到達倫敦的第二天去面試，心中覺得好順利，彷彿充滿了希望。

　　當時工作機會資訊並不豐富，我們是在 Gumtree 網站找到的，這是全英文的網站，回臺灣後發現兩個臺灣人創立的社團有豐富的求職工作機會，後面文章中也有介紹英國最大的人力銀行。

倫敦塔橋

INFO

GUMTREE 官網
🖳 www.gumtree.com

臺灣英國打工度假相關社團
1. 英國打工度假同學會：此社團還有很多租屋的資訊。
🖳 facebook.com/groups/645873578790662
2. 英國打工度假情報站：此社團有四萬多人，有豐富的精華區文章可以參考。
🖳 facebook.com/groups/UKworker

倫敦第一次面試就上手

英國面試必須注意什麼？

　　一般登入人力銀行中請完帳號，就要立刻上傳履歷表 CV（curriculum vitae），如果已經有現有的英文履歷表（格式請參考最後面的附件），就可以直接上傳，如果沒有現成的 CV，可以點選網站中「Bulid your CV」功能，會一步步引導完成一整份履歷表。

　　CV 要填的資料包括以下部分：
1. 個人檔案（Profile）：基本個資和聯絡方式等。
2. 希望的工作性質（Desired Job）：包括職稱、全職或打工、希望待遇。
3. 工作經驗（Work Experience）：包括職稱公司名稱、工作地點、工作期間、工作內容描述。
4. 教育程度（Education）：包括學歷、攻讀的科系領域、求學地、在學期間。
5. 技能（Skills）：例如專長是使用 OFFICE、累積有幾年的經驗。
6. 資格檢定認證或證書（Certifications ／ Licences）：包括檢定或證書名稱、證書有效日期、證書的詳細描述。
7. 附加的資訊（Additional Information）：看是否有其它特別的經驗，像是參加過什麼訓練或是工作相關的特殊經歷都可以寫。
8. 其它相關資訊（Add Section）：可以放各大社群網站或部落格的連結、服役資訊、領取過的獎盃、參加過的社團或組織、領取過的專利資訊、出版過的書籍。

　　填完上面的資料之後，可以在網站下載一份簡單排版過的 CV 履歷表，於面試時隨身攜帶以備不時之需。

　　在英國人力銀行上填好詳細的資料後，就開始投履歷，在投履歷表時，會跳出一個窗格，要你簡單說明為什麼想要投這工作，以及是否有相關的工作經驗，我在臺灣時就幫 Wei 投了很多家，面試官如果覺得你適合這工作會直接約面試

的時間；到了英國當地要面試的時候，最基本的要有自然的微笑和基礎的英文交談能力，穿著以黑白色系為主不要穿牛仔褲。

約好面試之後，一定要上對方的官方網站或是臉書的頁面，把對方賣什麼東西搞清楚，那時幫 Wei 約到一家修腳踏車店，立刻下載了他們網站上腳踏車零件的英文叫 Wei 要背起來。但是，當時陪 Wei 去腳踏車店面試，他太害羞講不出英文自我介紹，還一直躲在我後面，所以他還沒見到老闆，就直接被店員用「無法跟客人溝通」的理由拒絕他了。

這次的打擊太大了，於是又開始在網路上找工作，改成中國餐館或是華人運作的公司，最基本要能溝通才有工作機會。當時在房東的介紹下，面試了中國超市，面試時與主管見面，將履歷表交給主管，主管會詢問要做什麼性質的工作，Wei 對於理貨上架比較有興趣，但是當時比較缺收銀員，有多次詢問 Wei 願不願意做收銀員，但考量過後還是堅定從事賣場理貨員的工作。面試後一個多月，中國超市通知上班，開始工作後，就一路做了十四個月都沒有再換工作。

在找工作等通知期間，有先到市中心中國城的中國餐館上班，中國餐館的工時很長薪水不高又很辛苦，一般流動率很高，所以很缺人，但是有供餐又是領現金不扣稅，吃的很好且位於繁華的市中心，生活不至於太憂鬱。但要注意的是，因為老闆不報稅，也就是俗稱的「黑工」，所以，如果領不到工資也只能自認倒楣，還好那段時間，沒有發生被欠薪的狀況。

至於，如何不誤觸「打工陷阱」而欠薪做白工？ 就是要在面試時注意看這工作的場地，是不是有正式的店面？ 有多少員工和客人？一般有正式的店面，老闆要開門做生意都不太會自找麻煩，如果這家店有很多員工和許多客人消費，也比較不會有問題，當然，盡量找會扣稅發薪資單的公司是最保險的，在面試時就可以先問清楚有沒有報稅，才不會造成不必要的麻煩，也不用擔心領不到錢。

另外，要特別注意，遊學生是完全不能工作的喔，不管黑工白工都不行，當時華人房東熱心的要幫忙介紹我去找黑工來做，說可以幫忙分擔家計，但是我實在太膽小了，完全不敢，很怕被遣送出境，所以我覺得這點要特別注意，到異鄉的人，有時可能會相信當地長住的居民，覺得打打黑工沒關係反正也沒人知道，NO！NO！NO！臺灣的護照之所以這麼強大，可以免簽通行數十國，就是因為我們很守法，千萬不要腦波太弱誤觸法律禁地，但是如果持有合法打工簽證就沒有關係，只是提醒遊學簽的話，千萬不要誤信旁人說打黑工沒關係喔！

好消息是，在倫敦居住時發現，許多服務業和精品業會雇用華人員工，不管在市中心或是 OUTLET 都可以看到華人店員，主要是因為現在華人的消費力相當驚人，所以不管哪一個國家，都會優先錄取華人來服務華人，所以若想找服務業相關的職務，華人有絕對的工作優勢。

想當朝九晚五上班族的話，可以找臺灣或華人經營的企業，機會也相當的高，在臺灣時就可以先上臺灣的大型企業看他們網站上有無英國分公司的招募資訊。當然，專業度較高的工作，也可以直接挑戰英國本土的企業，千萬不要覺得只有兩年的簽證無法面試到一個正式的工作喔！我的朋友中有人面試上獸醫助理的工作。

INFO

英國最大的人力銀行
1. reed：reed.co.uk
2. indeed：indeed.co.uk
3. 英國政府的媒合網站：findajob.dwp.gov.uk

倫敦打工記趣

在中國超市 Wei 有幾個比較好的同事，Afrim，他的太太是華人生了四個小孩都超級可愛，他人非常的友善，人品也很好，Wei 很喜歡他。Chris 的口頭禪是「No good」，Wei 英文學的最好一句話就是「No good」！ 或許是有外國同事的關係，他學英文變的特別的認真，還有很多其它同事都非常的友善，Wei 常常把同事給他的食物帶回家，可惜上班不方便拍照就沒有入鏡。

在榮業行上班是週休二日，服務業性質都是休週間，六日要上班，工作時間是中午 11 點到晚上 7 點，英國的超市幾乎星期日都只有開半天而已，可能要留半天放假讓人家去上教會禮拜吧！不過，中國超市會星期日營業到下午五點多才休息。午餐都是吃公司提供的中式料理吃到飽餐點，Wei 的老外同事會自己帶三明治，因為他們中午不習慣吃太多，怕工作時會昏昏沈沈，但華人好像不管到哪，中午一定會吃粗飽下午才有體力工作，我覺得這點差異相當有趣。另外，原來，英國也是有小費文化，還曾經有客人給 Wei 50 英鎊的小費，大約是臺幣 2,000塊。他在中國超市上班期間非常的快樂，也學到很多東西，變得比較大方不會害羞，他非常懷念那段時間，常說一定要再回英國去看看。

1 Wei 與同事 Afrim（左）和 Umela（右）合照
2 結帳後的裝袋服務是工作內容之一

3 中國超市的夜景

Part 2 倫敦交通

倫敦交通和購票

　　在倫敦生活，首先必須搞清楚什麼時候該搭公車？什麼時候該搭地鐵？而最方便的是使用 Google MAP，輸入目的地（輸入中文也可以喔！）它就會顯示非常詳細的即時路線圖，包括幾點幾分要坐哪班公車，要走多久的路都一目了然，所以在倫敦只要手機有吃到飽的網路，就可以輕易到達想去的地方！

　　不過出門在外要特別注意倫敦的廁所都要投錢才可以進入，而且廁所不好找，有時都要溜進麥當勞或肯德基，但也不是滿街都有，我想大多數人還是會去咖啡廳消費借廁所。

　　初到倫敦的人一定會被交通搞的很頭大，有一堆票卡可以買，但不知道選哪一種最划算。以站在長期居住的角度，最省的方式就是坐公車，另一個好處是可以看到倫敦的市景全貌，我有個朋友到要離開倫敦了，還不知道原來牛津街就在雷斯特廣場旁邊，因為平時坐地鐵都看不到路線圖，實在會有點可惜。這篇提供給大家倫敦交通的費用概況。

　　倫敦市區專用的悠遊卡「Oyster Card」（牡蠣卡），取這個名字跟莎士比亞有關，因為他的作品中有一句是「This world is my oyster！」（這世界就是我的牡蠣），我猜他是真的很愛吃牡蠣也很愛旅行，才會發出這種讚嘆。

　　「2019 年車票價格上限表」（P27）左半部為使用 Oyster 卡、感應式信用卡、手機設備搭地鐵、DLR、鐵路、火車、輕軌各類的陸上交通方式，從倫敦 Zone1 到各個區的成人費用上限表，如果一天搭乘好幾種交通工具包括公車，也適用，請記得使用同一種支付方式才能累加計算，不能一下使用 Oyster 卡一下又用手機支付。表格右半部則是購買旅遊卡（Travel card）的費用，通常是觀光客使用居多。

Oyster card

1 廁所都要投幣才可以
　使用
2 像透明膠囊的雙層新
　公車

INFO

想要買便宜的旅行優惠票券，可以善用如下資訊：

1. LONDON 2FOR1：可以買到一些買一送一的券，非常划算
　🚇 daysoutguide.co.uk ／ 2for1-london

2 LONDON PASS：可以用一卡通行各個景點，有分不同的天數，看要玩幾天可以自由選擇
　🚇 londonpass.com

倫敦「各區劃分」可以到官網下載：

　🚇 visitorshop.tfl.gov.uk/~/media/files/pdfs/tfl_london_transport_map.ashx

2019 年車票價格上限表—從倫敦 1 區到各區價格（成人）

區域	隨時搭乘 - 非月票之單次票價 (Pay as you go)			旅遊卡 (Travel card)				
	扣款上限 (Caps)							
	全天任何時間 (Daily any-time)	每日離峰 (Daily off-peak)	星期一到星期日 - 只限感應式卡片 (Monday to Sunday – Contactless only)	1 日 任何時間 (Day anytime)	1 日離峰 (Day off-peak)	7 日 (7 day)	月票 (Monthly)	年票 (Annual)
1 區	7 英鎊	7 英鎊	35.1 英鎊	13.1 英鎊	13.1 英鎊	35.1 英鎊	134.8 英鎊	1,404 英鎊
1 區搭到 2 區	7 英鎊	7 英鎊	35.1 英鎊	13.1 英鎊	13.1 英鎊	35.1 英鎊	134.8 英鎊	1,404 英鎊
1 區搭到 3 區	8.2 英鎊	8.2 英鎊	41.2 英鎊	13.1 英鎊	13.1 英鎊	41.2 英鎊	158.3 英鎊	1,648 英鎊
1 區搭到 4 區	10.1 英鎊	10.1 英鎊	50.5 英鎊	13.1 英鎊	13.1 英鎊	50.5 英鎊	194 英鎊	2,020 英鎊
1 區搭到 5 區	12 英鎊	12 英鎊	60 英鎊	18.6 英鎊	13.1 英鎊	60 英鎊	230.4 英鎊	2,400 英鎊
1 區搭到 6 區	12.8 英鎊	12.8 英鎊	64.2	18.6 英鎊	13.1 英鎊	64.2 英鎊	246.6 英鎊	2,568 英鎊
1 區搭到 7 區	14 英鎊	12.9 英鎊	69.8 英鎊	18.6 英鎊	13.1 英鎊	69.8 英鎊	268.1 英鎊	2,792 英鎊
1 區搭到 8 區	16.5 英鎊	12.9 英鎊	82.5 英鎊	23.5 英鎊	13.9 英鎊	82.5 英鎊	316.8 英鎊	3,300 英鎊
1 區搭到 9 區	18.3 英鎊	12.9 英鎊	91.5 英鎊	23.5 英鎊	13.9 英鎊	91.5 英鎊	351.4 英鎊	3,660 英鎊
1 區搭到 9 區 + Watford Junction	24.6 英鎊	18.4 英鎊	92 英鎊	24.6 英鎊	18.4 英鎊	92 英鎊	353.3 英鎊	3,680 英鎊

資料來源：倫敦交通部 content.tfl.gov.uk/adult-fares-2019.pdf

2019 年成人車票價格上限表說明

1. Caps：每日扣款上限，一天內不管怎麼搭，一旦超過這個上限就不再扣款了。
2. Pay as you go：沒有使用週票或月票時的搭乘價格。
3. Travel card：旅遊卡，建議可以比較一下價格再決定買旅遊卡會不會比較划算。
4. Off-peak（離峰時間）：所謂的尖峰時間（Peak）是指星期一至五 06：30-09：30 和 16：00-19：00 這段上下班時間，其餘時間屬於離峰時間，包含星期六、日和國定假期全天（依據何時入站刷卡時間決定）。但是如果是搭火車在 Euston 站和 Watford Junction 站，只有南下星期一至五 06：30-09：30 和北上的時間 16：00-19：00 算尖峰時間（不包含國定假日）。
5. Contactless only：感應式卡片和信用卡。

巧遇印有五月天演唱會海報的公車

INFO

地鐵單趟的價格最少搭一趟是 2.40 英鎊，價格主要看跨幾個區域，可至官網查詢：tfl.gov.uk（進入網站後點「Fares」頁面）。

請注意這都是使用 Oyster card 卡、感應式信用卡、手機設備搭乘的費用，如果是現金購票，地鐵單趟最低是 4.90 英鎊，所以不管如何，到倫敦就立刻去各站的購票窗口辦一張 Oyster 卡吧！

如想要查詢其它各區間的票價上限，請到官網 tfl.gov.uk/fares/find-fares/tube-and-rail-fares。

公車票價（成人）

　　上車不能用現金投幣，公車站牌附近也沒有地方可以買到公車票，搭公車只能用牡蠣卡（Oyster card）、感應式信用卡（Contactless card）或是購買旅遊卡（Travel card）！不管去哪裡單趟價格就是 1.50 英鎊（約 60 元臺幣），要看好站牌再下車，否則重新再上車，即使只有一小段也是再扣 1.50 英鎊，且不分尖峰離峰時間都一樣。每日扣款上限是 4.50 英鎊，連續一週七天的扣款上限是 21.20 英鎊，月票是 81.50 英鎊，年票是 848 英鎊。

學生票

　　請注意！學生票可以省掉約 30 ％的費用，不管是一般學生、學徒（Apprentice）或是遊學生都可以申請！遊學生則是要 14 週以上的日班課程且是全職學生才可以申辦。關於這項優惠，可能不會有任何人提醒你，要自己主動詢問，記得當時我是過了兩、三個月才發現可以折扣，一差就好幾十英鎊，整個差點切腹啊！

　　遊學生申請辦法，拿著註冊文件和護照至學校的櫃檯跟承辦人員說，他們就會幫忙辦理。如果年齡在 16 ～ 25 歲之間，還可以合併申請鐵路卡，則有 34％的優惠，這個鐵路卡超過 26 歲的學生也可以申辦，課程必須一年內超過 20 週，每週要上 15 小時的課程，帶著 NUS 卡或學校附相片的學生證辦理，每年需再延展一次，但開放大學、非全職學生、遠距教學不能申請此卡。

> **INFO**
> **16 ～ 25 歲鐵路卡官網**
> 🚃 16-25railcard.co.uk

Oyster card 儲值的步驟

　　Oyster card 可至各站的售票窗口購買，也可在機場的售票機器使用信用卡購買。最簡單的方法是問門口的站務人員怎麼操作，如果他們正在忙，可以問正在買票的旅客，倫敦的人都很熱心，不止可以練英文，也許還可以順便交朋友，但為讓讀者熟悉介面，提供操作方式說明，以下為「儲值 7 天以上公車定期票的步驟」：

STEP 1

　　先用 Oyster 碰一下黃色的感應區，螢幕會顯示餘額，可以在語言區選擇「中文」購買喔！

STEP 2

　　選擇是要單純儲值（Top up pay as you go）或是要購買定期票（Buy or renew season ticket），如果按左邊則會顯示上次加值可以使用到什麼時候。

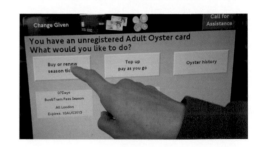

STEP 3

　　按完 Buy or renew season ticket 會再出現是要跟「上次一樣的選項再次加值」（Renew current season ticket）或是要再買新的定期票（Buy new season ticket），如果到期隔天馬上要再搭車就按「Renew current season ticket」，如果剛好遇假日不會出門，就選「Buy new season ticket」。

STEP 4

按了「Buy new season ticket」重新選要搭車的區間。

STEP 5

會問要「7天旅遊卡」或是「7天的巴士或輕軌」，選「7天的巴士或輕軌」（7day all London Bus & Tram passes）如果要買月票以上的車票，則要線上或是到各站的服務處購買。

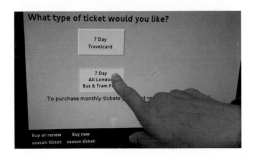

STEP 6

會問要從哪一天開始坐車。

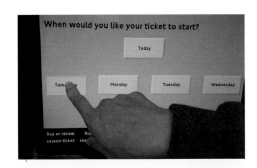

STEP 7

選要搭車的日期會顯示票價，就可把紙鈔投入，若要收據，記得點「Press for receipt」，記得最後要再用卡片碰一下黃色區域，才算儲值完成喔！

INFO

如果已經有 Oyster card，也可以線上加值，使用信用卡付款即可，註冊後還可以看近三個月搭乘的記錄，相當方便，還可以設定是否要自動儲值，省去人工加值的時間。線上加值要上官網註冊帳號，之後在首頁找「Top up Oyster」，即可進入儲值頁面了。
想看影片操作可以上「Transport for London」的官方 Youtube 用關鍵字「TOP UP」或「ticket」搜尋並觀看（youtube.com/user/TransportforLondon/videos）。

　　倫敦地鐵有百年歷史，當初地鐵車廂的天花板沒有做很高，是因為當時隧道沒有辦法挖太高，受限了高度，並不是因為當時人太矮才做成這樣，常看到很多高個兒，都快頂到天花板了。倫敦地鐵的窗外大多時候都黑漆漆的，沒有什麼風景可以欣賞，大家有時看書有時看報，據說英國人很愛看書，我想可能因為他們要適應長時間在交通上的生活，必須找事情打發時間。有時上學坐公車的來回途中會大塞車，曾經單一趟就整整花了三個半小時，我的天！比上課時間還長耶！！

　　有時地鐵會宣布罷工抗議薪資太低，那幾天公車一定會癱瘓，我本來都會乖乖去上課，就是在車上發呆等他個幾小時，後來直接請假不去了，塞車太痛苦了。記得一定要上官網訂閱電子報，倫敦地鐵會發 Email 通知要罷工了，我們旅客就可以決定要不要出門。有時覺得他們可以為了爭取自己要的利益而這樣犧牲別人的方便性，是滿有勇氣的一件事，後來才知道歐洲其他國家也有這種情況，所以提醒大家，去旅行的時候如果遇到罷工，不要傻傻等，可以想其他辦法，或直接改變旅遊景點的順序。

在地鐵裡，經常可看到倫敦人閱讀書報

地鐵站的復古掛鐘

Part 3

倫敦遊玩

倫敦市區的景點

01 大英博物館 British Museum

　　抵達英國後的第一站就是大英博物館,是英國最具代表性的博物館,我跟Wei 去了兩次還是逛不完,真的太大了!最有趣是可以看到希臘神話的雕像和埃及木乃伊,可免費入場真的很貼心,門口有捐獻箱大家可以隨心投錢,裡面大部分館區都可以拍照作紀念。

　　大英博物館成立於 1753 年,是全世界第一個國家博物館,從一開始每年只有 5,000 名參觀者,到現在已經到達每年 600 萬人次觀賞。

　　最早是起源於一位物理學家 Hans Sloane(1660–1753),他也是一個自然學家及收藏家,收集了超過 71,000 種的昆蟲收藏,為了能夠在他過世後好好的保存這些寶貝們,於 1753 年將所有的珍藏送給了當時的國王喬治二世,喬治二世於 1757 年也將古老皇家圖書館捐贈出來,大英博物館於 1759 年正式對外開放,至今共有 10 個不同的館區。

　　大多數人可能會喜歡希臘神話區和埃及木乃伊區管藏,可以看到傳說中的丘比特、女神維納斯、沈思的人、帕德嫩神殿:艾爾金大理石雕刻群、月亮女神的馬以及埃及木乃伊等。

INFO

大英博物館

◎ 每天 10:00–17:30,星期五是到 20:30

$ 可免費入場

☎ 0207 323 8000(總機)

🏠 Great Russell Street London WC1B 3DG

🚌 1. 最靠近的地鐵站:Tottenham Court Road(500m)、Holborn(500m)、Russell Square(800m)、Goodge Street(800m)

　　2. 可以搭的公車:
　　　(1)1、8、19、25、38、55、98、242,停靠站:New Oxford Street
　　　(2)10、14、24、29、73、134、390,停靠站:Tottenham Court Road ╱ Gower Street
　　　(3)59、68、X68、91、168、188,停靠站:Southampton Row

🖥 britishmuseum.org

非常樸實的建築

02 白金漢宮 Buckingham Palace

　　白金漢宮建於 18 世紀初，就像臺灣總統府和美國的白宮一樣，外部（免費）與內部（需要門票）可分開參觀，官網有各種景點的套票。第一次去時沒開放內部參觀，所以先去看了衛兵交接，到了 8 月時才有買票入宮內參觀，我們當時是買「The state rooms & The royal mews」可以參觀主廳和皇家馬廊，畢竟是皇室的寢宮和辦公室，所以安檢非常嚴格，如同過海關一樣的規格，相機不能帶，所以是不能拍照的，裡面可以看的是金光閃閃的寢宮和宴會廳，還有陳設女王的皇冠和鑽石的禮服，讓人嘆為觀止，不過說真的因為不能拍照，回來幾年後其實也想不太起來看了什麼，只能透過網路照片回憶，建議可以買官方出版的導覽手冊（Buckingham palace：Official souvenir guide），一本約 5 英鎊，手冊內有許多照片可以留念。

　　需特別注意的是，衛兵交接不是天天都看的到，可以先到官網「Changing The Guard」查詢時程表，即使沒有交接仍然可以看到紅衛兵駐守，許多遊客會前往拍照，是相當熱門的景點。

白金漢宮附近的威靈頓拱門（Wellington Arch）有騎馬衛兵

INFO

白金漢宮

◎ 每年 7 ～ 9 月，請留意官方資訊

$ 成人 25 英鎊、學生和敬老票（持有學生證的學生和 60 歲以上老人）22.8 英鎊、17 歲以下和殘障人士 14 英鎊、5 歲以下免費、家庭票（2 個成人 3 個 17 歲以下的小孩）64 英鎊、超過 15 人有團體票可選購，會依月分調整票價，且有各種套票可以選擇，請上官網查詢選購

🏠 Buckingham Palace London SW1A 1AA

🚌 1. 最靠近的火車站名：London Victoria ／ London Charing Cross
　 2. 最靠近的地鐵站：Victoria、Green Park ／ St. James's Park ／ Hyde Park Corner.
　 3. 可以搭的公車：11、211、C1、C10，停靠站：Buckingham Palace Road

🚇 royalcollection.org.uk/visit/the-state-rooms-buckingham-palace

1 威風的大門　2 大門口的石像

3 男子與獅子像
4 平日的人群也眾多
5 女王石像和綠色噴泉

03 皇家馬廊 The Royal Mews

　　位於白金漢宮旁，建於 1825 年，裡面收藏數部皇家馬車，可以欣賞古典又有氣質的古董馬車！最宏偉的一輛黃金馬車是從 1821 年起用於加冕慶典，現在只有在特殊盛典才會使用，其餘馬車則使用於皇室婚禮和重大活動。馬廊裡面真的有好幾匹活生生的真馬，每個門口都有一塊標示馬匹的「名字和出生的西元年分」的木牌。

> **INFO**
>
> **皇家馬廊**
> ◎ 每年 2～11 月，請留意官方資訊
> $ 成人 12 英鎊、學生和敬老票（持有學生證的學生和 60 歲以上老人）11 英鎊、17 歲以下和殘障人士 6.8 英鎊、5 歲以下免費、家庭票（2 個成人 3 個 17 歲以下的小孩）30.8 英鎊，有套票可以和其它景點一起合購較划算
> 🏠 The Royal Mews Buckingham Palace London SW1W 1QH（在白金漢宮旁邊，所以地址是一樣的）
> 🚇 1. 最靠近的火車站名：London Victoria
> 　 2. 最靠近的地鐵站：Victoria ／ Green Park ／ St. James's Park ／ Hyde Park Corner.
> 　 3. 可以搭的公車：11、211、C1、C10，停靠站：Buckingham Palace Road
> 🖥 tickets.rct.uk/royal-mews-buckingham-palace/royal-mews/2019

04 綠園 Green Park

　　在白金漢宮往前直走就會到這個綠意滿滿的公園，非常的舒適，翠綠的程度令人感動！天氣好，大家都會出來曬太陽或野餐，人非常的多，光看人群都很有意思。特別喜歡這個悠閒的感覺。Green park 經常有比基尼辣妹，及脫去上衣的外國人在曬日光浴。

> **INFO**
>
> **綠園**
> 🚇 在白金漢宮前方
> 🖥 royalparks.org.uk/parks/green-park

1 綠意滿滿的公園
2 有人躺在草皮看書
3 入口的雕像

綠色的布木椅很舒適，有許多人正在做日光浴

05 泰晤士河 River Thames

　　泰晤士河非常的長，全長 346 公里，可以由許多不同位置觀賞，夜景更是特別的迷人。不論是北岸或南岸，都有不同的風情，沿著河有大笨鐘、倫敦眼等不同的景點，整個倫敦市中心的景點都是在這個河的四周圍，可以坐船遊河來欣賞。

1 坐船遊河
2 倫敦眼夜景河邊超動人的美景
3 泰晤士河夜景很美，還可從南岸看大笨鐘

✦ 倫敦塔橋 Tower Bridge

　　提到這個景點，大家一定會想到世界童謠《倫敦鐵橋垮下來》，到了這裡，也都會聽到遊客邊看邊唱，倫敦塔橋可以買門票上去參觀。

INFO

倫敦塔橋

◎ 每天 09：30 ～ 17：00（最後入塔時間）

$ 成人 8.7 英鎊、5 ～ 15 歲小孩 3.8 英鎊、5 歲以下免費、16 歲以上學生和 60 歲以上老人及殘障人士 6 英鎊，另有家庭票等其它選項，可依個別狀況選擇（必須在入塔 24 小時前至官網購買）

🚍 1. 最靠近的火車站名：London Bridge ／ Fenchurch Street 或 Tower Gateway（DLR）

　　2. 最靠近的地鐵站：Tower Hill 站／ London Bridge 站

　　3. 可以搭的公車：15、42、78、100、RV1 停靠站：Tower Bridge、City Hall、Druid Street St、Katharine Docks

🌐 towerbridge.org.uk

1 倫敦塔橋正面
2 行走在倫敦塔橋上，可以感受到它的巨大

✹ Ye olde walting 酒吧

　　倫敦塔橋往北走 13 分鐘
左右，沿途經過的酒吧，倫
敦市中心常可見到這種類型
的酒吧，可以用餐也可以喝
酒，很適合談生意，所以，
經常大白天就見到有上班族
來酒吧排隊喝酒，我們覺得
這樣的景觀非常特別，但在
倫敦是非常普遍的現象。

INFO

Ye olde walting 酒吧

◎ 星期一～五 10：00–23：00、
　星期六 12：00–20：00、
　星期日 12：00–17：00
☎ 0207 248 8935
🏠 29 Watling St London EC4M
　9BR
🚇 nicholsonspubs.co.uk/
　restaurants/London/yeoldewa
　tlingwatlingstreetlondon

Ye olde walting 酒吧

✵ 古老大船 Golden hinde

　　倫敦塔橋位置往南走 5 分鐘到 Golden hinde 可以看到古老大船，這個景點很少看到有人介紹，但是相當的顯眼也很特別，英國是以航海聞名，早期常航向世界各國，在各地都有殖民地，因而有了「日不落國」的稱號，看到這艘船佇立在城市中的景像，可以讓人聯想到那些歷史故事。

INFO

Golden hinde

- ◎ 11 至 3 月每天 10：00-17：00，4 至 10 月每天 10：00-18：00，會不定時的關閉，請查看官網
- $ 成人 5 英鎊、小孩（3～16 歲）5 英鎊、家庭成員 4 人 15 英鎊、3 歲以下免費
- ☎ 0207 403 0123
- 🏠 St Mary Overie Dock Cathedral Street London SE1 9DE
- 🚌 1. 最靠近的火車站名：搭到 Blackfriars，要再步行 18 分鐘左右
  2. 最靠近的地鐵站：London Bridge
  3. 可以搭的公車：17、21、35、40、47、48、133、N21、N133、N199，停靠站：London Bridge
- 🚇 goldenhinde.co.uk

1 Golden hinde
2 古老大船很吸引我們的目光

06 大笨鐘 Big Ben

　　哥德式風格的大笨鐘位於國會旁，於 1858 年完工。在西敏寺前取景可以同時拍進大笨鐘和倫敦眼。不過，大笨鐘 2017 年開始圍起來整修，預計到 2021 年才完工，雖不見身影，仍可聽到整點報時的鐘聲。就算是下著細雨的夜晚，但搭配古典的低沈鐘聲，往往可讓人覺得心靈平靜。臨近泰晤士河，夜晚延著河畔，遠遠就可以看到大笨鐘的燈光，白天夜晚是完全不同的美麗，非常讓人著迷。

1 很細緻的鐘體設計
2 從另一個角度可以看到倫敦眼

公園裡的視角

INFO

大笨鐘

🏠 Houses of Parliament Westminster London SW1A 0AA

🚌 1. 最靠近的火車站名：搭至 Charing corss 站再步行 15 ～ 20 分
   2. 最靠近的地鐵站：Westminster
   3. 可以搭的公車：3、11、12、24、53、87、88、148、159、211、453、N20、N3、N11、N87、
      N136、N155、N381，停靠站：Westminster Stn／Westmr Pier、Parliament Square／Westminster
      Abbey、Westminster Stn／Parliament Square、Westminster Stn／Parliament Square、St Thomas'
      Hospital／County Hall

🌐 www.parliament.uk/bigben

07 特拉法加廣場 Trafalgar square

　　為了紀念特拉法加戰役中於
1805 年捐軀的尼爾遜將軍所建立
的，建於 1805 年，巨大圓柱上方
就是尼爾遜將軍的雕像，此廣場剛
好在國家藝廊正前方，是倫敦最大
的廣場可以容納五萬人。由於臨近
大笨鐘和國會大樓，所以常有許多
觀光客聚集在此野餐或稍作休息，
不時也會有集會和活動在此舉行。

1 大特寫

INFO

特拉法加廣場

🏠 Trafalgar Square London WC2N 5DN

📖 1. 最靠近的火車站名：Charing Cross
　 2. 最靠近的地鐵站：Piccadilly Circus
　　 ／ Embankment
　 3. 可以搭的公車：3、6、9、11、
　　 15、24、87、91、139、176，停靠
　　 站：Trafalgar Square

🖥 london.gov.uk/about-us/our-building-
and-squares/trafalgar-square

2 人潮眾多　3 公車上視角

🌟 The Silver Cross 酒吧

臨近特拉法加廣場的酒吧，外觀風格特殊，因此列為相關景點推薦給各位，喜歡這種歐式建築美麗街景的旅客，很值得前往一看，當時因為喜歡這個地方，還做了名信片寄給幾個特別要好的朋友。

1 讓散步也是一種視覺享受
2 特別的建築設計讓人目不轉睛

INFO

The Silver Cross 酒吧

🕐 星期一至六 11：00-23：00、星期天 12：00-22：30
☎ 0207 930 8350
🏠 33 Whitehall London SW1A 2BX England.
🚇 1. 最靠近的火車站名：Blackfriars（無直達，需再轉地鐵或公車）
　　2. 最靠近的地鐵站：Charing Cross，步行 4 分鐘可到達
　　3. 可以搭的公車：12、159、139、6，停靠站：Trafalgar Square
🖥 greeneking-pubs.co.uk/pubs/greater-london/silver-cross

08 皇家空軍博物館
Royal Air Force Museum

位於倫敦北部的 HENDON 區，成立於 1972 年，博物館裡有許多古董飛機。男生們一定會超愛的，從早期一開始時只有蒐集到 36 架飛機，至目前為止展示共 130 架飛機，但是有少數不開放展示參觀。除了可以看到飛機發展的歷史，還可以看到空軍的假人，模擬當時出勤和室內辦公的畫面。有些小型飛機開放給旅客上去乘坐體驗，禮品區也有許多飛機模型可以購買。

INFO

皇家空軍博物館

◎ 每天 10：00-17：00（最後入場 16：30）

$ 免費

☎ 0208 205 2266

🏠 RAF Museum London Grahame Park Way London NW9 5LL

🚌 1. 最靠近的火車站名：Mill Hill Broadway 步行 20 分鐘可到達

　2. 最靠近的地鐵站：Colindale 步行 10 分鐘可到達

　3. 可以搭的公車：303，停靠站：Royal Air Force Museum 直達入口

🏠 rafmuseum.org.uk/london

1 博物館相當的大，可以停靠大型的飛機。
2 假人空軍們
3 不知為何很喜感

1 國家藝廊是熱門觀光景點之一　2 最具文藝氣息的博物館

09 國家藝廊 National Gallery

　　成立於 1824 年，作品從西元 1250 到 1900 年都有，這段時期的畫作以文藝復興藝術、巴洛克藝術、洛可可藝術到印象主義都有，收藏超過 2,300 幅畫作，若非常喜歡鮮艷色彩和浪漫風格的畫作，一定會喜歡這裡的管藏，身為門外漢的我，也深深感動！

INFO

國家藝廊

◎ 星期六至四 10：00-18：00，星期五 10：00-21：00（聖誕節 24 至 26 日和 1 ／ 1 不開放）

$ 免費

☎ 0207 747 2885

🏛 The National Gallery Trafalgar Square London WC2N 5DN

🚌 1. 最靠近的火車站名：Charing Cross

　　2. 最靠近的地鐵站：Piccadilly Circus ／ Embankment

　　3. 可以搭的公車：3、6、9、11、15、24、87、91、139、176，停靠站：Trafalgar Square

🚍 nationalgallery.org.uk/visiting

10 雷斯特廣場 Leicester Square

　　於 1670 年開始發展起來，為市中心最重要的娛樂廣場，不管什麼時候去都擠滿人潮，這裡可以看到不同種族的人們，到了晚上更加熱鬧，多家禮品店、電影院，還有街頭藝人、各國美食及賭場，中國城也在這一區。雷斯特廣場是我們經常去的景點之一，夜晚的街道非常美麗，五光十色的燈光鮮麗炫目，白天也非常的熱鬧，許多遊客會來這裡野餐或休息，感覺「人看人」是很有趣的活動。紀念品和禮品店家都賣的很平價，名信片更是便宜到可以一次買數十張回去分送。

　　Wei 在中國城餐廳工作過約三個星期，當時每到晚上 11 點就會到這裡等 Wei 下班；雷斯特廣場的夜景真的太美了，最難忘雷斯特廣場熙來攘往人潮和各國國旗紅綠燈地標。

1 戲院和賭場
2 夜生活非常的熱鬧

1 騎警好威風　2 非常隨興倒地休息的遊客

3 中國城裡洋味很重的店家

INFO

雷斯特廣場

◎ 24 小時

🏠 Leicester Square London

🚌 1. 最靠近的火車站名：Waterloo Station
　　2. 最靠近的地鐵站：Leicester Square ╱ Piccdally Circus
　　3. 可以搭的公車：24、29、176、N5、N20、N29、N41、N279，停靠站：Leicester Square

💻 leicestersquare.london/index.php

紅綠燈上有各國的國旗

✨ Night Club

　　倫敦的夜生活相當豐富，在雷斯特廣場附近有許多夜店，我的語言學校有提供幾家 Night Club 的免費入場票，有天，為了慶祝 Wei 生日我們跑去其中一家玩，當時有一個老外一直跟過來追問我「Where are you from?」連 Wei 在身邊還一直搭訕人妻我耶，我們走到哪裡就跟到哪裡，實在太扯了！夜店到午夜 12：30 後人才變多，人家是半夜才開始狂歡瘋狂，但我們已經累死準備回家了。在 Night Club 裡的人感覺都很狂野！是一個人類獸性需要解放的集散地，女孩別一個人去喔！深夜進出倫敦市中心要小心，很容易被搭訕，女生一定要好好的保護自己，不然氣氛一來小心會失身。

LOST IN LONDON 有時會提供免費的入場券

11 攝政街哈姆雷斯玩具店 Hamleys

　　位於攝政街（Regent street）的超大家玩具店，不知為何也成為景點之一，許多觀光客都會來到這裡，英國的玩具益智和美感兼具，也有不少人是特地來買紀念品回去，如果想要看一下英國的孩子們都玩什麼，這家店是最具代表性的。攝政街的街景也相當有英國風，尤其掛上了布旗，忍不住就會在這條馬路上停留下來多看幾秒。

INFO

哈姆雷斯玩具店
◎ 星期一～星期五 10：00- 21：00，星期六 09：30- 21：00，星期日 12：00- 18：00（若遇國定假日可能不營業，請看官網公告）
📍 188-196 Regent Street London W1B 5BT
☎ 0371 704 1977
🚍 1 最靠近的火車站名：無直達的火車站，需搭至 Farringdon，轉公車或地鐵
　 2. 最靠近的地鐵站：Oxford Circus ／ Piccadilly Circus ／ Tottenham Court Road
　 3. 可以搭的公車：12、N15、N25、453、73、88、94、98、113、N137、139、159，停靠站：Oxford Circus
🖥 hamleys.com

12 自然史博物館 The Natural History Museum

　　此博物館是世界級的旅遊景點，並且擁有先近的科學研究中心，使用獨特的系統和無與倫比的專業知識，來應對當今世界面臨的最大挑戰，並且有跨越數十億年的 8,000 多萬個標本，每年接待超過 500 萬的訪客。於 1873 年左右成立，一進門就看到一隻高大的大恐龍，喜歡恐龍的朋友千萬不要錯過了。館中包括五個主題：植物學、昆蟲學、礦物學、古生物學和動物學等自然歷史，當然也有一些有趣的石雕像。我們特別喜歡恐龍區和動物標本區，每一個都感覺很真實，讓人有身歷其境的錯覺。

1 北極熊標本
2 電影裡的梅度莎
3 博物館的大門

恐龍迷千萬不要錯過

INFO

自然史博物館

◎ 每天 10：00- 17：50，最後入館時間 17：30；閉館日：12 月 24-26 日

$ 免費

☎ 0207 942 5000（總機）

🏠 The Natural History Museum Cromwell Road London SW7 5BD

🚌 1. 最靠近的火車站名：無鄰近的火車站，需搭至 Paddington Station 轉地鐵或公車
2. 最靠近的地鐵站：South Kensington Underground Station ／ Paddington Station
3. 可以搭的公車：345，停靠站：Natural History Museum ／ Cromwell Road；360，停靠站：South Kensington Museums

🖥 nhm.ac.uk

13 維多利亞與艾伯特博物館 Victoria & Albert museum

創立於 1852 年，位於自然史博物館的旁邊，展品是世界級領先的藝術和設計，有非常多的主題，有近現代的服飾，主打結合流行和大自然元素，主要展示歐洲 1600 至 1815 年間的裝飾藝術設計，同時還有展示珠寶、雕刻、玻璃藝術、中世紀藝術、日本和韓國藝術、縫被和雜布拼縫藝術、編織、手工藝等。而我們最喜歡的是古董服裝和服飾，尤其是英國早期的結婚禮服和家居服，原來世界上婚紗的設計都是參考歐洲的風格，即使是很古老很舊的款式還是美麗夢幻。

維多利亞與艾伯特博物館建築外觀

INFO

維多利亞與艾伯特博物館

◎ 每天 10：00-17：45，星期五 10：00 -22：00；閉館日是 12 月 24-26 日

$ 免費

☎ 0207 942 2000

🏠 Victoria and Albert Museum Cromwell Road London SW7 2RL

🚌 1. 最靠近的火車站名：無鄰近的火車站，需搭至 Paddington Station 轉地鐵或公車

2. 最靠近的地鐵站：South Kensington Underground Station ／ Paddington Station

3. 可以搭的公車：345，停靠站： Natural History Museum ／ Cromwell Road；360，停靠站： South Kensington Museums

 vam.ac.uk

14 肯辛頓公園 Kensington Gardens

　　倫敦的皇家公園之一，占地 116 公頃，緊臨著海德公園（Hyde Park），中間隔著九曲湖（Serpentine Lake）。西邊的肯辛頓宮是黛安娜王妃曾住過的官邸，公園裡平時雖然遊客眾多，但是仍然散發著悠閒舒適的氛圍，公園的空氣非常清新，在大城市的公園中，仍然可以吸到芬多精。其中，公園裡最有名的景點就是《彼得潘》青銅雕像，蘇格蘭小說家 J.M.Barrie 爵士當時住在肯辛頓公園附近，有一天到河邊散步時，讓他有了寫《彼得潘》的創作靈感。J.M.Barrie 爵士想要紀念靈感發想來源，就請工匠打造彼得潘的銅像，並在夜晚時悄悄的讓他站立於肯辛頓公園內，從 1912 年 5 月 1 日起吹蘆葦的小男孩彼得潘和許多生動的仙女和小動物們，就成為公園裡一個驚喜的角落。

　　還記得，在回臺灣之前，跟語言學校的同學 Nydia 和 Wei 一起來這裡散步，是很適合踏青談心的好地方。公園裡有個噴水池和兩個灑水的女子石雕，很適合拍照；九曲湖裡還有天鵝，天鵝在英國是受皇室保護的，所以虐待天鵝是犯法的。

　　公園裡還有一個美麗的角落名為「義大利花園」，在 Lancaster Gate 地鐵站出來後，進入公園馬上就可以看到這個噴水花園，相傳是王子亞伯特送給他心愛的維多利亞女王所建的，已經有 150 年的歷史了。此外，公園還有很多不同的景點和雕像，感興趣的讀者可以一一去探訪。

義大利花園

1 不想長大的彼得潘
2 與 Nydia 一起在這裡散步
3 在九曲湖拍照非常有意境

INFO

肯辛頓公園

🕐 06：00-16：15

💲 免費

🏠 Kensington Gardens London W2 3XA

🚌 1. 最靠近的火車站名：無直達的火車站名，需搭到 West Hampstead，再轉搭地鐵
    2. 最靠近的地鐵站：Lancaster Gate
    3. 可以搭的公車：46、94、148、274、N207，停靠站：Lancaster Gate

🖥 royalparks.org.uk/parks/kensington-gardens

告示看版有畫出可以看到哪些景點

15 櫻草花丘 Primrose hill

　　早在八世紀就存在，位於倫敦西北部的攝政公園裡的一個山丘，可以俯瞰倫敦的景點聖保羅大教堂、倫敦眼。櫻草花丘的最頂端（約海拔 66.7 公尺），有座地圖雕刻可以看到的倫敦景點說明。微風輕輕吹過，涼爽不躁熱，許多外國情侶在這裡談戀愛約會、談心、野餐。西北倫敦一向就被傳為是眾多大明星住的區域，幸運的話也許還可以看到巨星。

　　這個地方為當地人比較熟知的一個休憩景點，很多情侶來這裡約會，還有許多的孩童來這裡做球類運動，攝政公園是亨利八世為自己建的打獵森林公園，占地 166 公頃（410 英畝），是倫敦市中心的第二大公園，也是倫敦最大可供民眾運動的公園。這裡有一個非常漂亮的大道花園（The Avenue Gardens），據說種了很多美麗花朵，但這公園實在太大，走完了 Primrose hill 就沒沒有體力再走過去了，是一天無法跑完的行程。大家如果喜歡遠離塵囂的花園，可以前往一探究竟。

許多情侶來談戀愛喔

INFO

櫻草花丘

◉ 全時間開放

💲 免費

🏠 Primrose Hill Prince Albert Road london

🚌 1. 最靠近的火車站名：無直達的火車站，需搭到 London Euston，再轉搭地鐵

    2. 最靠近的地鐵站：Chalk Farm，要再步行 13 分鐘

    3. 可以搭的公車：274，停靠站：Wells Rise 或 Primrose Hill

🖥 royalparks.org.uk/parks/the-regents-park、primrosehill.com

16 聖保羅大教堂 St Paul's Cathedral

　　最早期是建於西元 604 年，後來於 1670 ～ 1710 年間重新改建，比較特別的地方是在教堂前的雕像是安妮女王的石像，在此常舉行皇家的活動，內部非常的華麗，色彩鮮艷且以金色為主色系，讓人感覺金碧輝煌，週日可以免費進入參觀禮拜的進行，主日的合唱詩班和古老管風琴的巨大琴聲，會讓人有置身於古代的錯覺。

1 安妮女王雕像　2 大教堂正面全景

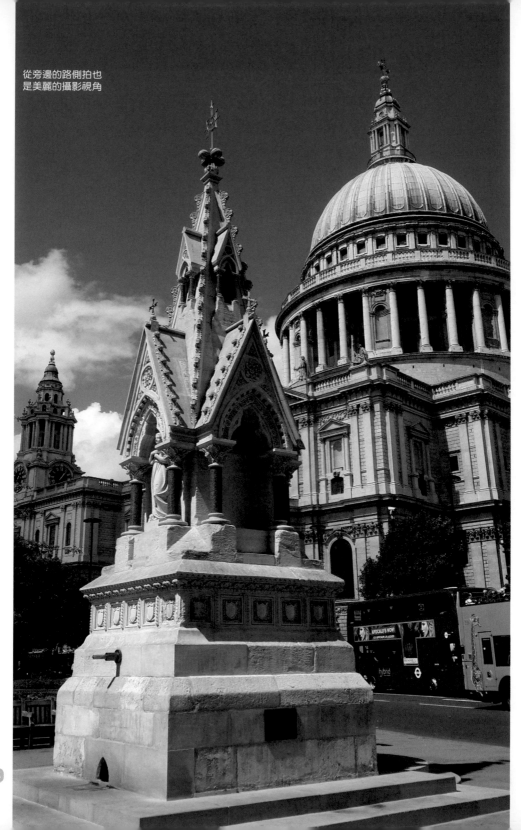

從旁邊的路側拍也
是美麗的攝影視角

大教堂的鐘塔

旁邊還有冰淇淋車

INFO

聖保羅大教堂

◎ 星期一～六 8：30 ～ 04：30，星期日只開放做禮拜

$ 成人（18 歲以上）20 英鎊；學生和 60 歲以上 17.5 英鎊；小孩（6 ～ 17 歲）8.5 英鎊；10 人以上團體票另有優惠，線上購票價格更優惠

🏠 St Paul's Cathedral St Paul's Churchyard London EC4M 8AD

🚋 1. 最靠近的火車站名：City Thameslink ／ Blackfriars ／ Cannon Street ／ Liverpool Street

2. 最靠近的地鐵站：St Paul's ／ Mansion House ／ Blackfriars ／ Bank

3. 可以搭的公車：4、8、11、15、17、25、26、56、76、172、242，停靠站：St Paul's Cathedral、Ludgate Hill ／ Old Bailey、Fleet Street ／ City Thameslink、St Paul's Station、King Edward Street

🖥 stpauls.co.uk

千禧橋與聖保羅大教堂

17 千禧橋 Millennium Bridge

　　這座橋是從聖保羅大教堂到泰晤士河另一邊最快的捷徑，為了慶祝千禧年所建造的，橋下面只有 Y 型柱橋梁支撐，在復古的城市中，是相當現代化造型的橋。如果從聖保羅大教堂前往，可以在教堂旁的 St.Paul's Churchyard 直走到 Carter Lane Gardens，接著往右走，會接到 Peter's Hill，再直走就到千禧橋。橋上的愛情鎖，是許多歐洲國家的風俗，象徵愛情可以長長久久。人來人往，但據說剛建好的時候非常的不穩，還有搖晃橋（wobbly bridge）之稱，因此剛啓用沒多久就立刻又重新修了兩年才開放，但我們走在上面覺得相當安全穩固，還可以近距離觀賞泰晤士河及聖保羅大教堂。

經典的 Y 型支撐橋面設計

橋上面也有愛情鎖

INFO

千禧橋

◎ 全時間開放

💲 免費

🏠 Thames Embankment London SE1 9JE

🚌 1. 最靠近的火車站名：Blackfriars 再步行十分鐘

2. 最靠近的地鐵站：Mansion House Underground 或 Blackfriars，要再步行 7 分鐘左右

3. 可以搭的公車：388，停靠站：Millennium Bridge

18 小威尼斯 Little Venice

　　我們要回國前有去義大利威尼斯旅行，相較之下，這裡真的有像義大利威尼斯，是倫敦的美麗小祕境，有遊湖的觀光船可搭乘，還有小松鼠在公園吃東西，我們實在是太喜歡了，一共去了兩次。

1 小威尼斯的船屋
2 咖啡色船屋
3 湖畔咖啡船屋

INFO

小威尼斯
- ◎ 全時間開放
- $ 免費
- 🏠 Blomfield Road Pool of Little Venice London W9 2PF
- 🚃 1. 最靠近的火車站名：無直達站
  2. 最靠近的地鐵站：Warwick Avenue Underground Station ／ Paddington Station
  3. 可以搭的公車：6、46、187、414，停靠站：Warwick Avenue
- 🌐 visitlondon.com/things-to-do/place/401228-little-venice（可參考資料的網站）

19 漢普頓宮 Hampton Court Palace

　　這座位於倫敦六區的皇宮，並不是大家耳熟能詳的熱門景點，當初會來這裡，也是語言學校老師推薦，說這裡是很值得一看的好地方。由於老師是倫敦人，聽到這樣的讚美引發我的好奇，上網查詢，看到網友說比溫莎城堡更有趣，當下就決定一定要前往朝聖。到了以後，果然大開眼界，跟白金漢宮是不同的風格，完全滿足了對古代皇宮的想像。皇室的臥房和華麗的餐廳，連樓梯間都金碧輝煌；諾大的廚房裡面有很多模擬用的假肉和假食材。

　　漢普頓宮建於 1514 年，一開始是在 16 世紀初由紅衣主教沃爾西開創的，但很快吸引了亨利八世的注意，並與他的六任妻子遷居於此。這座宮殿周圍環繞著華麗的花園和迷宮等著名景點，為許多國家重要活動提供了場地，裡面有座無邊無際美麗的湖，後花園根本是要騎馬才能逛的完。當威廉三世和瑪麗二世（1689-1702）在 1689 年登基時，他們委託克里斯托弗‧雷恩爵士建造一座優雅的新巴洛克式宮殿；而最後在此居住的國王是喬治二世。

　　維多利亞女王於 1838 年對外開放，吸引了數百萬遊客，主要是因為其建築的宏偉，還有精彩的傳說和美麗的藝術收藏。我們去的時候剛好遇到話劇表演，有幾個演員穿著古代的衣服，在花園裡演了起來，真讓人有種時空交錯的感覺，滿值得前去一探究竟。

INFO

漢普頓宮

- ◎ 夏天（3 月 25 日至 10 月 27 日）每天 10：00-18：00、冬天（10 月 28 日至 3 月 30 日）每天 10：00-16：30、聖誕節期間 12 月 24 ～ 26 日不開放
- 💲 成人 19.20 英鎊、學生和敬老票（16 歲以下學生和 60 歲以上老人）15.30 英鎊、小孩 9.60 英鎊
- ☎ 0203 166 6000
- 🏛 Hampton Court Palace East Molesey Surrey KT8 9AU
- 🚌 1. 最靠近的火車站名：Hampton Court
  2. 最靠近的地鐵站：無直達的地鐵站
  3. 可以搭的公車：111、216、411、461、513、R68，停靠站：Hampton Court Palace、Hampton Court Green ／ Cardinal Wolsey、Hampton Court Gardens
- 🚃 hrp.org.uk ／ hampton-court-palace

漢普頓宮大門口正面

20 柯芬園 Covent Garden

建於 16 世紀，最早是修道院，建築仍保有 17 ～ 18 世紀的風格，後來發展為熱鬧的果菜市場，現在演變成購物、禮品、藝術、美食、甜點的夢幻市集，真的很值得去逛逛。柯芬園裡有兩個市集，一個是賣食物和各種家居生活雜貨飾品的「Apple market」，一個則是賣衣服和紀念品等各種不同商品的「Jubilee market」。除此之外，還有數十家異國料理餐廳和甜點店，情人節時有特別的情人鎖活動，門口有大型的「LOVE」單字，情人們會將自己和對方的名字寫下來，象徵感情緊密，把心鎖在一起，我想應該很多人把鑰匙丟了喔！柯芬園常有手工香皂的香味，還有賣花的攤位，及各種想像不到的特色商品，是非常賞心悅目有質感的旅遊景點。

INFO

柯芬園

🏠 Covent Garden The Market Bldg 41 London WC2E 8RF

🚌 1. 最靠近的火車站名：Charing Cross
   2. 最靠近的地鐵站：Covent Garden／Leicester Square
   3. 可以搭的公車：9、15、139，停靠站：Trafalgar Square、Aldwych；24，停靠站：Leicester Square

💻 coventgarden.london

柯芬園前的大廣場

1 室內的美食廣場　2 柯芬園裡的 Apple market　3 柯芬園裡的 Jubilee market

1 情人節才有的 LOVE 立牌　2 LOVE 立架上全都是愛情鎖　3 Godiva 的情人節草莓巧克力

21 諾丁丘與波多貝羅市集
Notting Hill & Portobello road market

　　諾丁丘和波多貝羅市集，位於西倫敦的肯辛頓和切爾西皇家自治區（Royal Borough of Kensington & Chelsea）。

　　一到諾丁丘就被彩色的房子所迷住，真的是美呆了！這裡是 1999 年上映的英國電影《新娘百分百》的拍攝地點，這部電影的英文名字就是「Notting Hill」。市集街上很多都是在賣電影圖案相關的周邊商品，一部好電影真的可以帶動觀光熱潮。這裡有許多店家販售超便宜的紀念品，建議可以去那裡採購送親友的伴手禮。

　　波多貝羅市集有賣各種商品，例如古董、蔬菜水水果、流行衣物飾品、二手商品、禮品和紀念品、邊走邊吃的攤位美食，但只有星期六，所有的店家會一起營業，其他時間不一定會開店喔！如果有確定想逛哪一類，建議先上官網看一下。每年 8 月還有諾丁山嘉年華街頭活動，吸引有數百萬人共同慶祝，很值得去參觀。

波多貝羅市集

INFO

諾丁丘 Notting Hill & 波多貝羅市集 Portobello road market：
- 市集每週六 09：00-19：00（實際以官網為主）
- 波多貝羅市集：Portobello Rd；諾丁丘 London W11 2DY
- 1. 最靠近的火車站名：無直達、需至 Farringdon 轉搭地鐵至 Notting Hill Gate
  2. 最靠近的地鐵站：Notting Hill Gate 或 Ladbroke Grove
  3. 可以搭的公車：23、28、31、52、70、148、328、452、N28、 N31，停靠站：Notting Hill Gate ／ Westbourne Park Station ／ Chesterton Road
- 市集 portobelloroad.co.uk

1 彩色房子　2 購物的禮品街　3 禮品店

22 泰德不列顛美術館 Tate Britain

　　泰德不列顛美術館成立於西元 1897 年，主要收藏英國的近代藝術，收藏品最早從西元 1500 年開始至今，總計將近七萬件作品，創辦人是亨利泰特爵士 Henry Tate，早期因煉糖工業而致富。本身也是一位藝術家的亨利泰德爵士，將 19 世紀珍藏品提供給國家，並資助最早期的泰德美術館，為國家美術館捐贈了 65 幅畫作及 80,000 英鎊。美術館裡畫作的風格非常的美，尤其是畫人物的部分，用色和畫法都柔和協調，適合喜歡唯美浪漫畫風的讀者，官網可以看到所有館裡的收藏品照片。

INFO

泰德不列顛美術館
- 每天 10：00-18：00，聖誕節期間 12 月 24-26 日不開放
- 免費
- 020 7887 8888
- Tate Britain Millbank London SW1P 4R
- 1. 最靠近的火車站名：Vauxhall
  2. 最靠近的地鐵站：Pimlico 或 Vauxhall
  3. 可以搭的公車：87 停靠站：Millbank；88 and C10，停靠站：John Islip Street；2、36、185、436，停靠站：Vauxhall Bridge Road
- tate.org.uk/visit/tate-britain

23 肯頓市集 Camden town

　　肯頓市集是有如臺北西門町的一個購物天堂，建立於西元 1974 年，是一個複合型的市集，從購物到美食共有 1,000 多家商店。早期是一個只在星期日才開放的手工藝品展覽會，後來快速發展成倫敦最大的市集，每週七天都營業。建築物之間都有一些特別的石頭藝術品，是一個滿足視覺效果的市集，可以欣賞富有創意新奇的商品，在這裡可以看到最近流行的元素是什麼，是非常年輕化的潮店聚集地，可以看到很多年輕人來逛街。

1 美人石磚椅子

2 擁有水蛇腰的女人石像
3 stables market 潮店

有一家潮店門口有超大的機器人，非常特別，遊客爭相拍照，還請舞者在二樓的伸展台跳舞，相當的有趣。這裡也有一個非常大的異國料理美食區，可以品嚐到很多沒見過的美食，價格也平價，10 英鎊以下就可以吃到特別的美食，想看這裡有哪些商店，可以查看官網資訊，他們有列出所有的店家名稱和照片。特別注意 Stables market 裡面的商家不能拍照。

INFO

肯頓市集
- 每天 10：00 開始營業，結束營業的時間視各商店而定
- Camden market camden lock place london nw1 8af
- 1. 最靠近的火車站名：Kentish Town ／ Camden Road
     注意：都要走 15 ～ 20 分鐘的路
  2. 最靠近的地鐵站：Camden Town ／ Chalk Farm
  3. 可以搭的公車：214，停靠站：King's Cross；24，停靠站：Victora；274，停靠站：Westend；393，停靠站：East London
- camdenmarket.com

1 地標之一巨型機器人
2 異國美食特區

24 華勒斯典藏館 The Wallace collection

　　這間博物館超棒的，內部裝潢很像白金漢宮的縮影，不同的是，白金漢宮只能走在紅龍圍起來範圍內的路線，不能觸碰任何物品，但此博物館是可以近距離參觀和感受，尤其是那色彩鮮艷的貴妃椅，看到時有驚為天人的感受；特別喜歡裡頭的鮮艷裝潢，原來這一切是出自法國人之手。

　　華勒斯典藏館前身是一座歷史悠久的別墅型國家博物館，也曾是法國大使館的赫特福德之家（Hertford House），在此有 25 間畫廊，主要展出了法國 18 世紀的繪畫、家具和瓷器、精湛古代大師繪畫作品和世界級軍械庫，以及來自法國的赫特福德府邸的前四位侯爵和第四侯爵的兒子理查德華勒斯爵士，在十八世紀和十九世紀收集的精彩藝術作品。這些收藏於 1897 年由理查德爵士的遺孀華勒斯女士遺贈給英國國民，於 1900 年 6 月 22 日首次成為博物館，作品以華麗而平易近人的方式呈現，也是其魅力的所在之處。館內很特別的是有一個完全不同風格的軍火庫，跟其他展間浪漫風格差很大。

綠色牆面的大型畫展區（©The Wallace Collection）

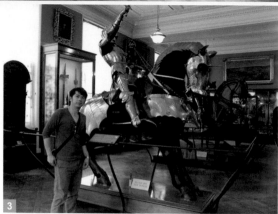

1 黃金時鐘和小櫃子的畫展區（©The Wallace Collection） 2 粉紅牆面與壁爐是學習區（©The Wallace Collection）
3 兵器收藏區之馬與盔甲戰士 4 華勒斯典藏館外觀

INFO

華勒斯典藏館

◎ 每天 10：00-17：00，閉館日：12 月 24-26 日
$ 免費
☎ 0207 563 9500
🏠 Hertford House Manchester Square London W1U 3BN
🚌 1. 最靠近的火車站名：Marylebone Rail、需要走 10 ～ 15 分鐘路程
　　2. 最靠近的地鐵站： Bond Street ／ Baker Street ／ Oxford Circus 皆需要走 10 ～ 15 分鐘路程
　　3. 可以搭的公車：2、13、30、74、94、113、137、274，停靠站：George Street、Blandford Street、
　　　York Street、Selfridges
💻 wallacecollection.org

25 利柏堤百貨
Liberty London

利柏堤百貨成立於 1875 年，是英國最老牌的百貨公司，商品有許多英國傳統特別的風格，每一件物品都相當有質感，最印象深刻是有賣各種布料，也許許多皇室就是來這裡找喜歡的花色回去作禮服。置身於此，會有一種自己很有氣質的錯覺。這裡是貴婦級的高級百貨，整棟全是木造建築古色古香，即使不想逛街購物，也可以當作一個美麗的參觀景點。

INFO
利柏堤百貨

- 星期一～星期六 10：00-20：00，星期日 11：30-18：00
- ☎ 0207 734 1234
- 🏠 Regent St Carnaby London W1B 5AH
- 🚌 1. 最靠近的火車站名：無直達、需搭至 St Pancras International 轉搭地鐵
  2. 最靠近的地鐵站：Oxford Circus ／ Piccadilly Circus
  3. 可以搭的公車：6、12、88、94、139、159、453、C2，停靠站：Piccadilly Circus、Conduit Street ／ Hamleys Toy Store、Beak Street ／ Hamleys Toy Store
- 💻 libertylondon.com

1 外觀建築非常特別
2 城市中難得的花店就在隔壁
3 帶有木頭香氛的舒適購物環境

鐘塔很美

26 牛津街 Oxford street

　　牛津街是倫敦流行指標購物街，且是世界各大知名名牌聚集地，只要走一趟，光是瀏覽櫥窗設計，就知道現在正在流行什麼色彩和元素，馬上讓自己變成流行教主，而這條街上的行人，穿搭都非常時髦有型。牛津街道上的禮品店也相當多且平價，英國的各大百貨和知名品牌也有，如 Boots 博姿（藥妝店）、Clarks 克拉克（鞋店）、Next（成衣店）、John Lewis 約翰路易斯（百貨公司）、Primark 普萊馬克（成衣店）。想要橫掃英國貨可以先參考這條街上的商品，因為，有時候會有其他家分店沒有的款式喔！

　　除了購物之外，各大景點也都聚集在這附近，市中心就是以這條主幹道上做延伸的，我的語言學校也在這附近，所以每天上下學都會經過這裡，為了方便旅客查資料，整條街都有免費 WI-FI可用。不管白天晚上都是人潮，夜晚燈光設計非常的美麗，適合晚上來逛街。

逛街是一種視覺享受

INFO

牛津街
◎ 依各商店官網公告大致上是 09：00 ～ 21：00 左右
🏠 Oxford Street London
🚆 1. 最靠近的火車站名：無直達、需至 St Pancras International 轉搭地鐵
　　2. 最靠近的地鐵站：Bond Street ／ Marble Arch ／ Oxford Circus ／ Piccadilly Circus ／ Tottenham Court Road
　　3. 可以搭的公車：3、6、8、10、12、13、15、23、25、53、73、88、94、98、113、137、139、159、390，停靠站：Oxford Circus Station ／ John Lewis、Oxford Circus、New Bond Street、Oxford Circus Stn ／ Margaret Street、Orchard Street ／ Selfridges、Bond Street Station、Marble Arch Station、Dorchester Hotel
🖥 oxfordstreet.co.uk

1 牛津街的夜景
2 常會有不同的主題在街頭呈現
3 小巷裡別有風情

牛津街上的百貨公司街景

1 巨人雕像正面　2 巨人雕像背面　3 有一對翅膀的女人雕像

✳ 塞爾福里奇百貨公司 Selfridges

　　牛津街上的英國百貨公司之一，最為人知的是非常美麗的櫥窗設計，每隔一段時間都會變化，相當有創意，走在時代的超級尖端。門口的雕像也常更新，有一次是長髮的巨人頭，畫面很是震撼，而正門上方長翅膀的女人雕像則是固定不會變換的代表作之一。

INFO

塞爾福里奇百貨公司

◎ 星期一～星期六 09：30-21：00，星期日 11：30-18：00（11：30-12：00 只可以參觀）

☎ 0207 160 6222

🏠 400 Oxford Street London W1A 1AB

🚌 1. 最靠近的火車站名：無直達、需至 St Pancras International 轉搭地鐵

　　2. 最靠近的地鐵站：Marble Arch Underground ／ Bont street

　　3. 可以搭的公車：2、6、N109、13、16、23、36、74、98、137、148、390、414、N2、N16、
　　　　N74、N137，停靠站：Selfridges ／ Marble Arch

🖥 selfridges.com

✴ 蘇豪廣場 Soho Square Gardens

　　從牛津街上的 Tottenham Court Road Station 出來，走四分鐘就可到蘇豪廣場，可以說是城市中的綠洲，非常多人在這裡野餐休息，是一個觀賞倫敦人很有趣的角落。廣場中間有一個很特別的都鐸式建築小木屋是建於西元 1895 年，現在主要是園丁在使用的，公園裡還有石頭建成的桌球桌，有時真的會看到有人在那裡打球運動，而球桌旁有許多木椅，總是坐滿放空休息的遊客。

INFO

蘇豪廣場

🏠 Soho Square Soho London W1D 3QD
英國

🚌 臨近地鐵站 Tottenham Court Road
Station 走 4 分鐘

🚇 westminster.gov.uk/my-parks/parks/
soho-square

1 都鐸式小木屋
2 石頭做的桌球桌

⭐ 精品街龐德街 New bond street

　　在牛律街旁邊，有一條精品街龐德街（New bond street），從地鐵站 Bond street 出來走五分鐘就到，整條街專門賣高級品牌如 LV、Buberry、Long champ 等，記得第一次走進 LV 時，那個店裡的氣勢讓我緊張到屁股都流汗了，其中還有數十家品牌的門市，若要看詳細的清單請參考官網。

夜裡的街景

INFO

精品街龐德街

◎ 依各商店官網公告

🏠 New Bond Street London

🚌 1. 最靠近的火車站名：無直達，需至 St Pancras International 轉搭地鐵

　　2. 最靠近的地鐵站：Bond Street

　　3. 可以搭的公車：7、23、94、98、139、159、N7、N98、N113，停靠站：（New）Bond Street
　　　　Station；22、N22、94、N207，停靠站：New Bond Street

💻 bondstreet.co.uk

27 皮卡迪利圓環 Piccadilly circus

　　皮卡迪利圓環建於西元 1819 年，和攝政街相連街形成一個圓環，是倫敦非常有代表性的一個景點，我帶回來的名信片之一，就是印有皮卡迪利圓環的照片，非常有紀念價值。這裡一天到晚都擠滿遊客，有時會有街頭藝人表演，同時也是許多公車巴士的交會處，是一個可以拍攝到很多紅色觀光巴士的景點，夜晚的霓紅燈看板非常漂亮。

1 夜裡的街景復古樓房
2 信不信由你博物館
3 已經變成地標之一的霓紅燈看板

1 有一個大顆的雪花球
2 無時無刻都有大批的人潮

INFO

皮卡迪利圓環

◎ 圓環廣場是 24 小時都開放、但附近店家營業時間則不定

🏠 Piccadilly Circus London W1D 7ET

🚌 1. 最靠近的火車站名：無直達車站，需至 St Pancras International 轉搭地鐵

2. 最靠近的地鐵站：Piccadilly Circus ／ Leicester square

3. 可以搭的公車：3、24、29、176、N5、N20、N29、N41、N279、139、N15、N18、N113、12、88、94、159、453、N3、N109、N136、6、14、19、38、N19、N38、N97 停靠站：Piccadilly Circus、Haymarket ／ Jermyn Street、Trocadero ／ Haymarket、Haymarket ／ Charles II Street、Piccadilly Circus、Dean Street ／ Chinatown、Leicester Square Station、Trafalgar Square、Trafalgar Square ／ Charing Cross Stn

28 英國國會大廈
Houses of Parliament

英國國會大廈

　　英國國會大廈位於大笨鐘旁，建於中世紀時期，為世界文化遺產之一。英國司法制度相當有名，充分顯示出英國人的嚴謹，為早期議會制度的開端國家，功用就像是臺灣的立法院，平時的工作就是檢視政府部門的運作，不只可以設立新法條和變更舊法，並且有制定稅責審核預算和質詢的權力。因其特殊的哥德式建築，已經成為一個熱門景點之一，更棒的是可以放開參觀，晚上的燈光點亮後，遠遠觀看，相當的美。

INFO

英國國會

◎ 週一至週五都有開放，大部分每週六都有開放，確切參觀日期官網會隨時更新，請參考官網資訊

$ 成人 18.50 英鎊、16-18 歲 16 英鎊、學生和敬老票 16 英鎊（60 歲以上老人和持學生證的學生）、孩童（5-15 歲，其中一個小孩可免費，每多帶一個就額外支付 7.5 英鎊）、團體票：成人 15.50 英鎊／小孩（5-15 歲 7.5）英鎊

☎ 020 7887 8888

🏠 Houses of Parliament Westminster London SW1A 0AA

🚌 1. 最靠近的火車站名：Westminster
　 2. 最靠近的地鐵站：Westminster
　 3. 可以搭的公車：12、24、53、148、159、211、453、N109、N155、N381，停靠站：Westminster Stn 或 Parliament Square;

💻 www.parliament.uk/visiting

29 西敏寺 Westminster Abbey

　　位於市中心，就在英國國會和大笨鐘附近，建於西元 960 年哥德式的建築，為世界文化遺產之一，自西元 1066 年起威廉一世在此加冕後，就是英國歷代國王加冕的所在地，也是安葬許多著名人物的地方，從英國皇室到詩人莎士比亞共有 3,300 位名人長眠在此，包括近代知名物理學家史蒂芬·威廉·霍金（2018年辭世）之墓，因此，也成為倫敦熱門景點之一。旁邊有個聖瑪格麗特教堂（St. Margaret's Church）則是許多名流舉行婚禮的氣派場地，來到這裡，說不定可以遇到婚禮舉行喔！

大門口的石雕

建築非常的美

INFO

西敏寺

◎ 一般時間是 09：30-15：30（每天的開放進入時間可能不同，請查看官網每天會有入場時間）

$ 成人 20 英鎊（線上購買）／ 22 英鎊（現場購票）、敬老票和身障票（16 歲以下學生和 60 歲以上老人）17 英鎊、小孩 6-16 歲 9 英鎊、0-5 歲免費、家庭成員 3 人（2 大 1 小）40 英鎊、家庭成員 2 人（1 大 1 小）45 英鎊、另外還有星光票成人 10 英鎊、小孩 5 英鎊

☎ 020 7222 5152

🏛 Westminster Abbey 20 Dean's Yard London SW1P 3PA

🚌 1. 最靠近的火車站名：Victoria、Waterloo
　　2. 最靠近的地鐵站：Westminster
　　3. 可以搭的公車：12、24、53、148、159、211、453、N109、N155、N381，停靠站：Westminster Stn、Parliament Square

💻 westminster-abbey.org

西敏寺正面

倫敦外的城市

巴斯小鎮與巨石陣 Bath & Stonehenge

　　當時是選擇巴士跟團一天的行程，早上先到巴斯體驗濃濃的小鎮風味，之後再坐巴士到巨石陣，大概 50 分車程。我的語言學校有學生優待票，1 人 50 英鎊左右，由於之前在臺灣時，經常看到相關的節目報導就一直很嚮往，剛好學校公布欄海報有張貼跟團坐巴士的一日遊行程，就報名參加了。來倫敦的學生們，可以留意學校是否有相關的公告，如果是觀光的朋友們，可以在網路上用關鍵字「Bath city tour from London」查詢從倫敦出發到巴斯的套裝旅遊行程，有非常多景點組合和不同天數的行程推薦，大家可以依自己喜好選擇旅行計畫。

✦ 巴斯 Bath

　　我們的導遊是英國人，態度很親切，到達巴斯第一眼看到就是河水乾淨清澈的雅芳河（Avon River），空氣清新到會瞬間甦醒。沒有預料到這小鎮的散步時間格外舒壓，導遊帶我們走的景點路線如下：

◆ 帕特尼橋 Pulteney Bridge

　　感受美麗的雅芳河流清新的水流。

雅芳河

帕特尼橋（圖左）

◆ 圓形廣場大草皮

欣賞小鎮建築和
像公園一般大樹圍繞
的草皮圓環。

圓形廣場

路過的玫瑰花牆

◆ 皇家新月樓

　　皇家所建造的樓房，圍成一個月亮的形狀而得名，是非常令人驚艷奇妙的建築方式。前方有個大草皮，很多人停留休息。

皇家新月樓

◆ 珍奧斯汀博物館

知名小說《傲慢與偏見》的作者生活細節收藏館，門口有她本尊的假人公仔，參觀的話有一層樓要收費。

INFO

珍奧斯汀博物館

◎ 分成很多時段，可上官網查詢
💲 成人 12 英鎊，老人 10.50 英鎊，學生 9.50 英鎊，小孩 6.20 英鎊
☎ 0122 544 3000
🏠 40 Gay Street Bath BA1 2NT
🖳 janeausten.co.uk

珍奧斯汀博物館

◆ Wild Cafe

在巴斯吃到正統的英式早餐（Full English）有火腿、香腸、磨菇、蕃茄、煎吐司，營養又好吃。會選擇這家早餐店是因為《傲慢與偏見》的作者覺得它是巴斯鎮上最好吃的英式早餐，內部裝潢很適合拍照，尤其色彩非常鮮豔的椅子。

INFO

Wild Cafe

◎ 星期一～星期五 08：00-17：00、星期六 09：00-18：00、星期日 10：00-17：00
☎ 0122 544 8673
🏠 10a Queen Street Bath BA1 1HE
🖳 wildcafe.co.uk

1 Wild Cafe 正統的英式早餐　2 鎮上最好吃的英式早餐

◆ 羅馬浴場

　　在古羅馬時代，這裡是他們的澡堂，擁有天然溫泉，在英國算是少有，後來因為長了微生物，水變成綠色的，所以只能參觀不能泡澡喔！如果要進去參觀，建議一到就去買票，不然長長人龍排隊入場，等逛完就不用去巨石陣了。

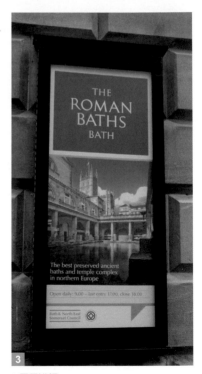

3 羅馬浴場

INFO

羅馬浴場

◎ 每天 09：00-18：00（開放時間會不定期變更，出發前請上官網查詢）

$ 成人 16.5 英鎊，學生及 65 歲以上老人 14.5 英鎊，小孩（6-16）10.25 英鎊（票價依月分而有所變更，請上網查詢）

☎ 0122 547 7785

🏠 Abbey Church Yard, Bath, BA1 1LZ

🖥 romanbaths.co.uk

◆ 巴斯修道院教堂

　　是這座城市人潮的集散地，到處都是人，還有許多街頭藝人表演，也有許多禮品店可以參觀。導遊大致繞了一圈後，就讓我們自由活動，所以我們到處走走，逛了很多很有特色的店家，依自己的時間彈性的閒逛。

1 巴斯修道院教堂
2 街頭藝人
3 腳踏車上的英語是「我快笑死了」

✴ 巨石陣（Stonehenge）

　　世界著名的文化遺產「巨石陣」，傳說是外星人的傑作，有 4,500 年歷史。根據世界文化遺產官網的介紹，值得參觀的理由是：

1. 是世界上現存建築工藝非常精密的石圈。
2. 最早期所建的紀念碑是新石器時代最大的火葬墓地之一。
3. 這些巨大的石頭都是從很遠的地方被移到此地的，最遠的是 250 公里外。
4. 石頭是使用精密技巧擺放的，而直立的方式更是用其他史前時代的紀念碑所沒有的互扣連接法（interlocking joints）。

　　在早期建造時，需要數以百計訓練有術的搬運工，才可以搬動這麼大型的石頭，最重兩顆分別是 25 噸和 30 噸左右。到現在它被誰建造、建造的原因為何，至今仍然是個謎。也有傳說它是個超大的日曆，因著太陽日照所出出現不同的影子投射，但究竟是誰要用到這麼大的日曆，目前仍是無解。或許，也就是因為它如此的神祕，才特別的迷人，大家又最相信哪個傳說呢？畢竟是世界級寶藏，只能遠遠的觀賞，不能再走更近，但是入口處的遊客中心，有展示實際石頭的大小，給大家體驗巨石到底多大和多重，讓大家知道要搬運它，並不是件很容易的事。

INFO

- ◎ 每天 09：30-17：00
- 💲 成人 17.5 英鎊，小孩（5-15 歲）10.5 英鎊，學生和 60 歲以上老人 15.8 英鎊以上，如果要再加導覽則再加 2 英鎊左右
- 📍 Amesbury, Wiltshire, SP4 7DE
- 🚆 1. 最靠近的火車站名：從倫敦的 Paddington 搭乘 GWR 至 Bath Spa，便宜的車票大約單趟 34.3 英鎊起，頭等艙單趟則要 149.5 英鎊起，學生票都有優惠（訂票請上火車官網：nationalrail.co.uk）。到了巴斯車站出站後，就可以看到前往巨石陣的指示告牌，可以在那裡買到車票和門票的套票，有各種行程組合，更多內容請參考此網站：thestonehengetour.info ／ the-stonehenge-tour。
  2. 可以搭的公車：搭 MEGABUS，票價比較便宜，單趟價格 10 英鎊起，不同時段不同價格，但是車程約 3 個小時到達，若要購票請參考官網：uk.megabus.com
- 🔗 www.english-heritage.org.uk/visit/places/stonehenge

1 巨石陣
2 遠看很小
3 將鏡頭拉大的樣貌
4 展示實際石頭的大小

愛丁堡之旅

一開始會想前往愛丁堡，是因為 Wei 從到英國起就非常想去看尼斯湖水怪，我們就挑了遊學課程結束後 8 月的時候，不過，愛丁堡的夏天非常涼爽，我們還穿了大衣和外套。愛丁堡位於英國的北部是蘇格蘭的首都，最著名的就是每年 8 月的愛丁堡藝術節和 Cashmere 羊毛製品，當然還有蘇格蘭格紋啦！我們去的時節，巧遇愛丁堡藝術

擠滿人的愛丁堡藝術節

節，整個街頭擠滿遊客和街頭藝人的表演，許多不同的藝術工作者會製作色彩豐富的道具，還有一大堆的 Cosplay 造型表演者，創意十足熱鬧有趣。

愛丁堡藝術節創史於 1947 年，每年 8 月第 2 週開始，持續三週的時間，其中表演的主題包括戲劇，音樂，舞蹈與藝術四大類，並且有時會跟其它的節慶一起舉行，如愛丁堡國際電影節（Edinburgh international film festival）、愛丁堡軍操表演節（Edinburgh Military Tattoo）、愛丁堡國際爵士藍調音樂節（Edinburgh International Jazz and Blues Festival）、愛丁堡藝穗節（Edinburgh Festival Fringe）以及愛丁堡國際書展（Edinburgh International Book Festival）。

於出發的前兩個月事先在網路訂火車票，用信用卡刷卡可以直接把車票寄到家裡。訂票時可以直接先一起訂愛丁堡的公車票，到了車站就可以直接使用，不用再找車站買票。車程真的好遠，英國的火車有附四人大桌子，看到有英國旅客鋪餐桌布帶香檳和果汁享用，幾個朋友在火車上野餐談笑風生，氣氛很好，我好羨慕他們懂的享樂的天真個性，回程時還聽到隔壁桌有年輕的英國型男們搭訕面對面座位的美女們，忍不住一直聽人家交朋友的談話內容，真的很有趣，仔細想想英國地大物博，需要花很多時間在通車上，如果不找點樂子，真的會搭車搭到很厭世耶！

愛丁堡筆記

火車票是買從倫敦 King's cross station 出發到 Edinburgh 站，去程約 4 小時 22 分，回程坐 5 個小時，去跟回的票價差很大，去程一個人 39.50 英鎊；回程一個人 29.50 英鎊，提前買票可以選到較優惠價格和發車時間。

Scott Monument

✦ 史考特紀念碑
Scott Monument

一從火車站出來就看到地標史考特紀念碑（Scott Monument），我們是隨性旅行者，一開始並不知這是代表什麼，都是到了愛丁堡看到後，很好奇才去了解它的緣由。Scott Monument建於1840年1844年完工，紀念英國18世紀知名作家沃爾特·史考特（Sir Walter Scott，1st Baronet），他出版過三十幾本書，為英國留下許多巨著，因此當他過世時，官方決定為他建碑，上面有64個石像，是他書中出現過的64個人物；可上去參觀，共有287階梯。石碑會呈黑色是因為當時的煤炭工業，被空氣薰黑。會為作家建一個紀念碑的城市，這就是愛丁堡的文化氣息。除了史考特紀念碑，新城區王子街公園還有一個超大的摩天輪，只有特定節日才會搬過來，在地圖上找不到的喔！

史考特紀念碑旁的摩天輪，特定節日才會搬過來

INFO

史考特紀念碑

💲 成人 8 英鎊、學生和敬老票 6 英鎊、小孩 5 英鎊

🏠 E. Princes St Gardens Edinburgh EH2 2EJ

🚌 edinburghmuseums.org.uk/venue/scott-monument

🌸 蘇格蘭國家畫廊
National Galleries of Scotland

時間充足的旅人們，可以前往此畫廊參觀豐富的館藏。

INFO

蘇格蘭國家畫廊
🕙 10：00-17：00
☎ 0131 624 6200
🏠 The Mound Edinburgh EH2 2EL
📖 nationalgalleries.org

蘇格蘭國家畫廊

🌸 王子街花園

在主要幹道王子街上，一側是時尚購物街，另一側則是花園，如果運氣好還可以看到王子街公園裡蘇格蘭街頭藝人的踢踏舞和管絃樂表演，更能感受到愛丁堡的氣息。

INFO

王子街花園
🏠 Princes St, Edinburgh EH2 2HG

王子街花園

✦ 聖吉爾斯大教堂

　　聖吉爾斯大教堂整個藝術節的熱鬧街道
上，可以看到一座大教堂轟立著，它也是愛丁
堡地標之一。

INFO

聖吉爾斯大教堂

🏠 High St Edinburgh EH1 1RE 英國

🖥 stgilescathedral.org.uk

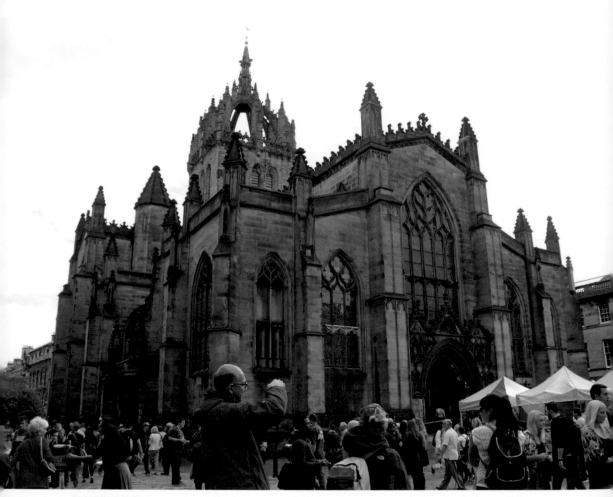

聖吉爾斯大教堂

愛丁堡城堡上坡處

✦ 愛丁堡城堡

　　一般城堡給人的印象就是外觀會像迪士尼裡的城堡一樣華麗又色彩鮮艷，但實際上愛丁堡城堡外部都是石頭堆成的城牆，仔細想想，城堡是保護國王王后安全的重要居所，當然外表都是堅硬冷峻的石頭，在入口的上坡處有一位身穿蘇格蘭裙的老先生表演吹管絃樂器，造型實在太有蘇格蘭的傳統風格，遊客都會排隊合照，如果有到那裡也可以去找老先生合照。

INFO

愛丁堡城堡
- ◎ 4 至 9 月 09：30-18：00、10 至 3 月 9：30-17：00
- ☎ 0131 225 9846
- $ 成人（16-59 歲）17 英鎊、敬老票（60 歲以上老人）13.6 英鎊、小孩（5-15）10.2 英鎊
- 🏠 Castlehill Edinburgh EH1 2NG
- 🚃 edinburghcastle.scot

✦ 在愛丁堡吃美食

① Deacon Brodie Traven

　　在倫敦時就聽老師說蘇格蘭傳統特色料理是 Haggies，特地找了一間酒吧去品嚐味道。這間酒吧是以傳統英式料理、久遠的歷史、還有獨特的外觀聞名，裡裡外外都高朋滿座。其中有道叫 Haggies Main（8.95 英鎊），黑色那糰就是 Haggis，其實就是很像臺灣人吃鴨血或豬血糕，味道也有一點像豬血糕！旁邊那邊是威士忌醬（Whiskey Sauce），要另外加點的 1.5 英鎊。

Deacon Brodie Traven

INFO

Deacon Brodie Traven
- ◎ 星期日～四 11：00 ～ 00：00、星期五～六 11：00 ～ 01：00
- ☎ 0131 225 6531
- 🏠 435 Lawnmarket Edinburgh EH1 2NT
- 🖥 nicholsonspubs.co.uk

1 Deacon Brodie Traven 招牌　2 始於 1741 年 9 月

3 酒吧裡的吧台　4 酒吧裡的鏡子

5 淋上特別的威士忌醬
6 哈吉斯雞肉佐威士忌醬

愛丁堡筆記

　　肉餡羊肚（Haggis），又譯哈吉斯，是一道傳統的蘇格蘭菜，食材是羊內臟如心、肝、腎、肺。另一道傳統蘇格蘭傳統料理哈吉斯雞肉佐威士忌醬（Balmoral Chicken）11.95 英鎊，或許是我們餓扁了，覺得超級美味，而且意猶未盡（就是吃不飽的意思！）

02 Filling station

　　閒逛的時候看到招牌很大，用餐的人很多，就決定去試試，內部裝潢很特別，邊等餐點可以邊觀賞室內設計。餐點需要等候一點時間才會送上桌，口味都很不錯。

1 外面招牌「兩道菜 11.95 英鎊」
2 Filling station 午餐燉飯
3 Filling station 午餐的蕃茄湯

INFO

Filling station

愛丁堡有三家分店，營業時間和電話可參考官方網站，我們是去 High Street 這家。
- ◎ 星期一～四 08：00-22：30、星期五～六 07：30-23：00、星期天 07：30-22：30
- ☎ 0131 226 2488
- 🏠 235-241 High Street Edinburgh EH1 1PE
- 🖥 filling-stations.co.uk

愛丁堡筆記

　　有時候很多遊客會去找名人推薦哪裡好吃必去的餐廳，走訪這麼多城市後發現，還是要去探險選一些自己喜歡的餐廳，或許怕踩地雷沒有看到評價不敢吃，但其實被雷到也是一種很特別的體驗，記得我們在義大利威尼斯點錯餐，花 1,600 元臺幣吃到兩條小魚，讓我們又驚呆又傻眼，但反而這些小事，讓旅行留下難忘又搞笑的回憶。

✦ Castle rock hostel

我們的美麗民宿，我跟 Wei 愛死它了。民宿的早餐非常簡單普通，滿有英國飲食文化的代表性（早餐要另外花錢買，不過一份只要 1.5 英鎊而已）。民宿的樓中樓空間是我們最喜歡的，給人一種很舒適像家的感覺，一個地方坐久了還可以換另一區，木椅子和壁畫的色調給人好沈穩好安心的感覺。異國旅行的好處之一是收集不同的品味裝潢，將來回臺灣布置裝潢居家沒有靈感時，可以參考當時會讓人感動的空間設計。

Castle rock hostel 的招牌

餐廳有免費的咖啡和茶可以泡，來自不同國家的旅人，大家共用杯子和湯匙，吃完就自己洗完再放回去，不知道為什麼當時完全不會想說杯子湯匙有沒有洗乾淨，就跟著大家一起使用。交誼廳空間非常寬敞，各國的遊客會在客廳看書或聊天，很適合認識一些志同道合的朋友！閱讀區有一把吉它可以彈，時不時可以聽到優美的樂聲！民宿每個角落都有巧思，連廁所的畫作都特別美麗，想必是因為它在裡面吸收每個遊客的日月菁華，莫名格外的吸引人。

有趣的是，很多遊客在這裡長租，廚房有許多收納箱都寫人名，感覺是定居下來當自己的家一樣，吃飯時間會看到許多人在這裡煮東西吃，就像一個大家庭一樣！記得當時我們在泡辛拉麵時，還有韓國遊客跑來問我們在哪裡買的，才剛回答完他們，晚上就發現我們居然住同一間房間。我們當時住十人合住的房型，男女都會混在同住一個大房間，第一個晚上遇到一個打呼像獅吼的男性外國朋友，實在有嚇了我們一大跳，還有不知道哪裡飄來的腳臭鹹魚味，真的印象無敵深刻，這可能是住多人房民宿會遇到的缺點，大家可以衡量看看適不適合自己。

1 民宿賣的早餐　2 我們買的早餐

3 交誼廳
4 交誼廳的大沙發
5 樓中樓的空間

民宿櫃檯很溫馨

INFO

Castle rock hostel

💲 我們訂 10 人合住的房間 1 個人 1 晚 14 英鎊，可能會因熱門時段變動，可以再上官網查詢

☎ 0131 225 9666

🏠 15 Johnston Terrace Edinburgh EH1 2PW

🚌 在愛丁堡城堡旁；從火車站 Waverley 出來，步行 10 分鐘可以抵達

💻 castlerockedinburgh.com

✿ 喀什米爾圍巾

　　愛丁堡的名產是喀什米爾羊毛製品，尤其是圍巾，價格在 50 英鎊以下就可以買到很漂亮的款式，幾乎到愛丁堡的遊客都會買個幾條回家，質地柔軟細緻，從不曾摸過這麼舒服的材質，我們也買了兩條回家。購買時注意標籤上要標示是「Made in Scottland」，有一些店家的圍巾賣的很便宜，但仔細一看其實是混搭其它羊毛的，材質也比較粗，產地也不是在蘇格蘭，下手前特地看一下標籤，才可以買到蘇格蘭製 100％的純喀什米爾圍巾。

尼斯湖 Loch Ness

離愛丁堡需要八小時的車程，但真正下車在陸地上走的時間只有三、四小時。我們去的那天，尼斯湖整個村跳電，餐廳供餐時間變很長，大家都排隊在餐廳門口要買東西吃，每家都排滿人。

尼斯湖的湖水相當的黑，黑色的湖水讓它增添了更多神祕感！就算船開過去都沒有漣漪，整個是很寧靜的湖水狀態。看了半天沒看到水怪，當時跟團的行程很趕，長途車程一下車就肚子超餓想找東西吃，所以我們沒有搭船出去看湖光水色下的水怪，但是光在這湖邊逛就可以感受到一種深不見底，彷彿湖下躲著幾隻水怪偷看我們的感覺，可能要等哪天牠們心情好，才會上岸來吧!?

1 尼斯湖大跳電，每家店都沒燈光
2 湖水的顏色好黑，周遭環境超寧靜

INFO

尼斯湖

🚌 我們是買 Rabbie's Tour 的套裝行程，16 天前在網路購票，有很多旅行選擇。行程名稱是：尼斯湖和格倫科谷和高地一日游（愛丁堡出發）Loch Ness，Glencoe & Highlands Day Tour（Edinburgh Departure），一個人是 53.04 英鎊，但是如果不是旺季去，可以買到 45 英鎊左右的票，可以依出發時間上官網選購。

🚆 Rabbie's Tour：rabbies.com

牛津 Oxford

　　會想去牛津主要是想去比斯特 OUTLET 採購孝親包，於是就一併到牛津去散散心。從倫敦搭火車在 Marylebone 站上車可直達 Oxford 站，大概 1 小時 4 分鐘會到達。牛津是個大學城，共有 37 個學院散落在這座城市中，我們隨意的走動，以下是我步行參觀的景點，讀者可以依你們所喜歡的景點安排路線行走。

✴ 卡爾法克斯塔 Carfax Tower

　　建於 13 世紀，是代表牛津的鐘塔，整點時會敲鐘，大概也是想提醒大學生們，上課時間快到了啊，不要再閒逛了。

> **INFO**
> **卡爾法克斯塔**
> 🏠 Queen St Oxford OX1 1ET

1 卡爾法克斯塔鐘下有兩個小人很可愛
2 卡爾法克斯塔

基督教會及基督教會學院紀念花園
Christ Church & Christ Church Memorial Gardens

不小心走到哈利波特的其中一個拍攝現場。牛津大學中規模最大的學院，也是霍格華茲魔法學校食堂拍攝地，當時看到一堆人在門口拍照，也跟著進去走動，但我們並沒有進去參觀食堂，只在附近的紀念花園散心，樹牆好有特色是必拍景點之一。

INFO
基督教會及基督教會學院紀念花園
☎ 0186 5276 150
🏠 Broad Walk Oxford OX1 1DB
🖥 chch.ox.ac.uk

1 復古的城牆
2 爬滿樹的牆，枝葉避開窗口而生長，異常的美
3 基督教會大門口
4 基督教會學院紀念花園的拍照聖地

✤ 牛津博物館
Museum of Oxford

　　這裡收藏許多名人偉人閱讀過的書，想要跟他們手握同一本書嗎？

INFO

牛津博物館

◎ 每天 10：00-17：00，星期日休息
☎ 0186 525 2334
🏠 St Aldate's Oxford OX1 1BX
🚌 museumofoxford.org

牛津博物館

✤ 嘆息橋 Bridge of Sighs

　　從牛津博物館出來後右轉會接上 High street，右轉進入 High street，直走會在左邊看到 Queen's Lane，繼續走就會看到嘆息橋了。這座橋象徵學生們考試壓力很大，每次走過都會嘆息，但我看路過的學生們都很淡定啊！有些還騎腳踏車，是很舒適的求學環境，想來英國唸書的讀者可以參考看看。

INFO

嘆息橋

🏠 New College Ln Oxford OX1 3BL 英國

嘆息橋

✿ 博德利圖書館 Bodleian Library

牛津大學的圖書館，建立於 1602 年，是全英國僅次於大英圖書館藏書最多的圖書館，義大利哥德式的建築，是歐洲最老的公共圖書館，圖書資源相當豐富。不禁幻想著裡面有超多牛頓般的人物努力做研究，可惜不開放給路人參觀，不過學問太高深，說真的，若讓我進去我也看不懂就是了，還是交給天才們去改變世界吧！

博德利圖書館

INFO
博德利圖書館
 Broad St Oxford OX1 3BG

✿ 商店街

這條路上有很多店家，可以吃東西和購物，也有街頭藝人在表演，我們在這裡買了杯熱咖啡後，一邊散步，一邊聽著小提琴手演奏，走到另一條街，又有吉它手的彈奏，不停漫步在樂聲中，更增添學府城市的文藝氣息。

商店街

INFO
商店街
 Cornmarket St

✤ 匯率兌換中心 Change

　　建築太美，於是被我列為景點之一，牛津街頭常常都會在轉角處遇到各種不同造型建築物的驚喜感。

INFO

匯率兌換中心
📍 26-27 Cornmarket St Oxford OX1 3EY

1 匯率兌換中心

✤ 室內市集 The Covered Market

　　無意間走到這間建於 1770 年代的古老市集，裡面共有四十家店左右，各種想的到的吃喝玩樂都有，有起士店、花店、禮品店、藝術蛋糕店，喜歡色彩鮮艷的朋友們，一定會喜歡這小小市集。

INFO

室內市集
🕐 星期一～六 08：00–17：00，星期日 10：00–16：00
📍 Market St Oxford OX1 3DZ
💻 oxford-coveredmarket.co.uk

2 室內市集外觀　3 室內市集一商店

比斯特村
Bicester Village

　　就是傳說中的OUTLET，這種藍色的木屋好好看。整個村有 160 個設計品牌，在入口處可以拿到地圖，記得要看好再去逛，時間得掌握好，不然可能會逛不完，雖然我們不是名牌控，但光看美麗的精品村的外觀就相當的過癮。

1 比斯特村　2 比斯特村的金色腳踏車藝術品

INFO

比斯特村（OUTLET）

◎ 週一至四 09：00-19：00，週五 09：00-20：00，週日 10：00-19：00（部分商家開門時間不一定，可上官網查詢）

☎ 01869 366 266

🏠 50 Pingle Drive Bicester Oxfordshire OX26 6WD

🚅 從牛津火車站，再往北坐兩站，車程大概 14 分鐘，即可到 Bicester Village，出了車站步行 7 分鐘可以到達，路上都會有指標，非常方便。如果是從倫敦出發則是從 Marylebone 直達 Bicester Village，車程約 46 分鐘

🖥 www.bicestervillage.com/en/home

特殊活動

如有關注一些倫敦的網站,像是「Visit London」或是「BBC」,還是可以跟到時事潮流,以下介紹我們在倫敦時有遇到的活動。

Color Run

Color Run 又被稱為「星球上最快樂的 5K」(馬拉松),每次路跑都會有一個獨特的顏色,此活動象徵健康、幸福、個性,目前是世界上大型的活動之一,每個國家都會舉辦此活動。會注意到此活動是看到了地鐵裡青春少女的背影,充滿活力和魅力非常吸引人。

> **INFO**
>
> **COLOR RUN**
> $ 報名費 30 英鎊,附贈 T 恤/獎牌
> thecolorrun.co.uk/locations/london

充滿魅力的 Color Run 少女們

諾丁山嘉年華會 Notting Hill Carnival

　　每年 8 ／ 26 ～ 8 ／ 28 左右會有一個夏季國定假日（Summer bank holiday），是類似巴西嘉年華會的大遊行，超值得排入行程去體驗看看，我們總共去了兩次。嘉年華會當天整條街道像是一個大舞池，所有的遊客都非常狂歡享受，街頭還有小販賣酒，許多人邊喝酒一邊融入在舞曲音樂和氣氛中，可以放開點跟著大家一起跟節奏舞動，第一次去時因為太害羞，完全不敢動，還被室友笑了一頓，大家千萬別跟我一樣，就大膽的去 enjoy 吧！每年確切日期請參照活動官網。

INFO

諾丁山嘉年華會
thelondonnottinghillcarnival.com

諾丁山嘉年華會

諾丁山嘉年華會

1 部分店家會提供飲料給民眾邊喝邊 DIY 飾品
2 棉花糖辣妹

倫敦時尚週 London fashion week

　　無意間巧遇這個活動，整條街上有很多潮店或是知名品牌店都可以隨意進去，有些店家提供酒精飲料，但只能在店內喝酒，因為倫敦法律規定有些公眾場合不可在室外飲酒，有些店家會有果汁類無酒精飲料（Soft drink），還有辣妹現做像雲一樣的棉花糖（Candy Floss）給我們吃，每間店都像明亮的 Pub 還有 DJ 放音樂，很特別超棒的氣氛，GUESS 還送了每人一頂牛仔大草帽，但它實在太大沒辦法裝到行李帶回家。有些店家還有大頭貼機，我們拍了兩張，變成好棒的紀念品。每年舉辦的月分不同，可以上官網查時程表。

INFO
倫敦時尚週
🖥 londonfashionweek.co.uk

聖誕節特集

　　在倫敦的聖誕節簡直是個童話世界和美食天堂，大部分市集從11月初就開始運作，直到1月初，這段新年期間，都可以感受到濃濃的過年氣氛，但要特別注意每年12／23～1／1的大眾交通班次會和平日不一樣，搭車前要再另外查詢事先準備，才不會空等，另外要提醒，平安夜12／24和12／31那天，倫敦往市中心方向到處都會大塞車，要提早五小時出門，以免無法參與到重要的節慶活動。

✦ 德國聖誕市集

　　德國聖誕市集是非常有代表性的慶祝模式，以往只有在德國才有，後來開始風靡世界其它地區，近幾年在臺北也開始有德國聖誕市集了。而倫敦的德國聖誕市集，則是在泰晤士河南岸在 South bank Centre 大樓前，沿著河畔，有非常多吃喝玩樂各種形式的攤位，不單只是享受美食，是五感的體驗！耶穌是誕生於馬槽的，所以市集的飾品都可以看到這類主題的飾物，我的德國友人告訴我，他們家中的聖誕節擺設也有，而且是他的父親手工做的，富有人情味。記得我前面說過廁所很不好找嗎？但是，這個市集有公用廁所，而且極具英國風。另外，喜歡拍照的讀者們，可以站在南岸，這位置同時可以看到大笨鐘和倫敦眼的夜景喔！

1 South bank Centre 白天的街景是較現代化的城市感　2 到了晚上化身成夢幻的聖誕街景

1 賣糖果的攤位

2 飾品攤位
3 耶穌出生於馬槽的布置飾品
4 連公用廁所的馬桶蓋都是英國風

童話般的旋轉木馬

✿ 有什麼吃的？

　　千萬不要錯過大香腸、馬鈴薯肉片泥、炒義大利麵，逛完市集肚子會很餓，這幾項小吃很有飽足感；但觀光區的價位都不便宜，大香腸約 4.5～5 英鎊，馬鈴薯肉片泥和炒義大利麵 8～10 英鎊之間，所以，通常我們要出發前，都會先準備一些食物在公車上吃，不然怕去到那買不下手，回家會想再煮泡麵。

1 炒義大利麵
2 馬鈴薯肉片泥
3 在德國站著吃東西是很普遍的現象

INFO

德國聖誕市集

◎ 每年時段不一定，要前往前一定要上網再確認，以免撲空

🏠 Southbank Centre Belvedere Road London SE1 8XX

🚃 1. 最靠近的火車站名：Waterloo ／ Waterloo East ／ Charing Cross ／ Blackfriars，請特別注意聖誕節期間 12 ／ 23～1 ／ 1 的班次要另外查詢

　　2. 最靠近的地鐵站：Waterloo ／ Embankment

　　3. 可以搭的公車：RV1 停靠站：Belvedere Road、1、4、26、59、68、139、168、171、172、176、188、243、521、N1、N68、N171、N343，停靠站：Waterloo Bridge；76、77、211、341、381、507、N381、N76、RV1，停靠站：York Road

🖥 southbankcentre.co.uk

街道上滿滿是美麗的街燈

✿ 皮卡迪利圓環
Piccadilly circus

　　皮卡迪利圓環整條路都會布置街燈，而且每年主題都不相同，2013 那年是「麋鹿角」主題，2016 和 2017 年是「天使翅膀」超級浪漫，美不勝收！

中間的看板還有不同的圖案

⭐ 牛津街

　　牛津街身為世界上最熱鬧的流行時尚街，到了聖誕節這個美妙的節日，也點亮了炫麗的街燈，不只讓遊客覺得身處在時尚之都中，更有一種奇幻的錯覺，各大品牌的招牌也穿上了不同的 LED 燈飾，光是走在這條街上，就可以感受到人們喜愛聖誕節程度是不分國籍和種族的。

1 復古老街燈
2 Marks & Spence
  瑪沙百貨的聖誕燈
3 Selfrige 的聖誕節
  櫥窗超美的

1 每年都有不同的主題燈飾
2 街頭的恩愛情侶

✿ 冬季仙境遊樂園：海德公園 Winter Wonderland：Hyde Park

　　海德公園是倫敦最大的皇家公園，於 1637 年創立，公園中間有九曲湖，占地 350 畝，適合野餐和運動散步，還可以騎馬，夏天經常有遊客脫上衣曬日光浴。因為這裡時常舉辦演唱會和演講，所以有一區被稱為「演說者之角」（Speaker's corner）；著名景點還有黛安娜王妃紀念噴泉（Diana Memorial Fountain），旁邊就是肯辛頓公園可以沿著湖散步。除了聖誕節活動外，其餘時間也是遊客爭相前往的一個熱門景點，平時開園時間是 05：00 ～ 00：00。

　　在海德公園一年一度的大型遊樂園活動，可以說是國際盛事，是倫敦最大規格的聖誕市集，活動期間有各種平時難得見到的遊樂園器材，包括：摩天輪、冰雕王國、溜冰區、高空落體旋轉遊樂設施等。一入園就可以看到巨大的聖誕樹，是我目前看到過最大的一棵聖誕樹。由於海德公園占地 350 畝相當廣大，所以可以放進幾座十層樓高的遊樂設施；其中，兩層樓的旋轉木馬，是我有生以來看過最華麗的一座，兔子造型的座位，讓人想起愛麗絲夢遊仙境。遊樂園裡到處都是冰雪的王國，無論怎麼拍都好看，去一次就可以拍幾百張照片，但每年都有大量遊客前往過聖誕節，請先提前於官網購買指定區域的門票。

INFO

海德公園

◎ 以 2018 年為例是 2018／11／22 至 2019／01／06，10：00-22：00（除了 11／22 下午 4 時開放），於聖誕節當日關閉

$ 入場費全免，但部分大型活動需要收費（例如冰雕王國、溜冰區，搭摩天輪可現場買票，但每年都有大量遊客前往，排隊狀況驚人，建議可提前於官網買票，因每年只有特定時段可以線上購票，可先至官網訂閱電子報，若有消息可第一時間收到）實際時間日期，以官網公告為準

🏠 Hyde Park London W2 2UH

🚌 1. 最靠近的火車站名：無直達，需坐到 Farringdon 轉搭地鐵前往

2. 最靠近的地鐵站：海德公園非常大，很多公車地鐵站都有到達，但聖誕節，主要入口處，仍以 Hyde park corner 為主

3. 可以搭的公車：9、C10、14、19、22、52、74、137、414、N9、N19、N22、 N74、N97、N137、2、13、16、36、38、52、148、390、N2、N16、N38，停靠站：Hyde Park Corner

🖥 hydeparkwinterwonderland.com

1 讓人置身夢幻世界的旋轉木馬

2 旋轉木馬上的兔子　3 旋轉酒吧超浪漫

1 愛心的糖果攤位很美麗　2 史上見過最大的聖誕樹

1 平時沒有摩天輪，只有聖誕節才會架設
2 自由落體

倫敦眼跨年

　　平日，倫敦眼的夜景就相當美麗，在跨年煙火開演前，倫敦眼會變化著七彩的顏色，且會投影畫面在大樓上，很美。倫敦眼的跨年煙火是非常受歡迎的活動，原本是免費入場，但自從 2015 年起就要收費 10 英鎊，即便如此，參加的人數還是非常多，雖然散場像逃難一樣人擠人，但是，氣氛非常好，這種活動就是人多才好玩！

　　準備看煙火時有一群年輕人，跟著音樂節拍在跳舞，當下的情境真的很美妙。整座橋、整個廣場都有 DJ 在播放熱門流行舞曲，Wei 那麼放不開的人都跟著音樂不停在搖擺，在我們旁邊有一群很嗨的年輕人，在他們之中有一位是坐輪椅的行動不便者，這裡會特別提到，是想告訴讀者，在英國倫敦交通對身體較不便的人群非常友善的，即使要坐公車或地鐵，仍讓很多人願意出門，我們經常看到媽媽們推娃娃車外出逛街。

現場發送發光手環

日常的倫敦眼

跨年時的倫敦眼

但要請大家特別注意的是：有天晚上，我們去市中心看倫敦眼和大笨鍾的夜景。路上遇到有兩個打扮成小丑的人，主動要跟我們合照，照完後，居然就大辣辣的要求 Wei 給錢，我用英文回「不要給，請你

在前往倫敦眼的路上，有小丑要求合照卻被索費

們刪照片」，那兩個小丑就說不要刪，但說時遲那時快，Wei 就把 10 英鎊掏出來給他們了，我來不及阻止，才想起 Wei 聽不懂英文，不知道我的意思，後來被我罵了一頓。等我冷靜後，Wei 才跟我說，因為當時橋上只有我們兩個，怕不給他們錢會有危險，當時真的很心疼他辛苦賺的錢就這樣被人輕易騙走。一開始到英國的前幾個月，很難冷靜看待金錢平白無辜損失這件事，但無論如何，人身安全還是最重要的，千萬不要起衝突，太危險了。

INFO

倫敦眼

⊙ 11：00-18：00（時間偶有變動，請隨時上官網查看）

$ 成人 30 英鎊（快速通關：40 英鎊），孩童 24 英鎊，團體 26 英鎊，還有其它套票可供選擇，可上官網選購

🏠 The London Eye Riverside Building County Hall Westminster Bridge Road London SE1 7PB

🚌 1. 最靠近的火車站名：Waterloo 或 Charing Cross

　 2. 最靠近的地鐵站：Waterloo，Embankment，Charing Cross 和 Westminster

　 3. 可以搭的公車：12、53、77、148、159、211、381、453、507、N109、N159、N381，停靠站：St Thomas' Hospital ／ A & E Department、St Thomas' Hospital ／ County Hall、County Hall、Waterloo Station ／ York Road

🖥 londoneye.com

Part 4

倫敦日常

我們在倫敦的家

　　接下來要來簡介一下倫敦租屋的概況。倫敦市中心最貴，以市中心畫同心圓，越往外圍越便宜，一般像我們這樣的學生或是海外工作者，大部分都是選擇分租雅房或是套房，也可以選擇是不是要跟房東同住，通常跟房東同住會便宜一點，廚房、冰箱、廁所、浴室共用。就算是雙人房，單人入住跟雙人入住價格是不一樣的，每個月會差到 100 英鎊，主要還是因為倫敦地狹人稠的關係，所以是算人頭的，先不討論最貴的房子要多少錢，以最低能租到的分租雅房房型，單人床的小房間兩、三坪每月 400 英鎊（約臺幣 16,000 元）左右，兩人入住一個房間大概四、五坪最低租金約 500 英鎊（臺幣 20,000 元左右）。

　　倫敦分東南西北，住的族群也不同，像臺灣人一般住東邊比較多，治安也不錯，我們住的西北三區，據房東說是富人區治安也相對很好。由於倫敦是個國際村，有來自全球各個國家的人，所以房東、室友可能都不是英國人，大多數為外來移民，如果是英國房東的話租金會偏高，如果房東是外來移民租金則較低。倫敦房租是世界上最貴的城市之一，小康家庭的我們，當然還是以租金為優先考量，所以只有最後一個家時，是跟英國房東一起住，跟房東住的好處是如果熱水器壞掉會很快找人修，壞處當然是隱私會少一點，再者廚房衛浴共用，也是稍微要排隊等待一下。

　　畢竟是各種種族混雜在一起的城市，難免會遇到有糾紛的時候，大家千萬不要遇到困難就氣餒回國，在國外與房東的交涉也是訓練危機處理能力的一種方式，回臺灣工作面試時還可以列入人生經驗裡頭喔！所謂的租屋糾紛大部分都是押金拿不回來，押金一般都收一個月的租金，有些房東會用各種理由去扣押金，如果遇到此類糾紛的話，可以到尋求法律途徑的網站，他們會一步一步的告訴你該怎麼做。但是，租屋時最重要的是一定要白紙黑字打合約，如果沒有合約，只能自己處理或是看房東良心了，這部分後面內容會提到自身的經驗，可以供參考。

倫敦筆記

　　如果需要合約的範本可以到英國政府網站下載合約書範本和條款說明，但光看這合約就可以知道英國人嚴謹的個性，足足有 50 頁，所以，可以自己跟房東簽簡單的合約範本，只是要把該注意的全列入，此份提供參考。
下載網址：gov.uk/government/publications/model-agreement-for-a-shorthold-assured-tenancy

如何在英國找租屋處

　　一開始需要先租臨時的租屋處，所以當我們在 Hello UK 的網站上看到臺灣人出租房子後，就決定先租了 7 天，主要是想先有個落腳處，等到穩定些，再慢慢去看長租的房子。第二個家住 7 個月的房子也是在 Hello UK 上找的，房東是華人。第三個住的房子住了 8 個月是在 Gumtree 找的，室友是斯里蘭卡人和孟加拉人（沒錯，Gumtree 是一個可以找工作和找租屋的綜合型網站）。第四個家短住了 3 天，房東是英國人，是在 Airbnb 找到的。

第一個家

〔位於倫敦東二區，地鐵：Canada water 站〕

　　住 7 天而已，是臺灣人的民宿，那時考量到剛入境英國什麼都不懂，找同鄉可能比較好問問題，在 Hello UK 的網站上看到短期出租訊息，日租一天 45 英鎊！

　　這個房子的環境相當好，但是沒有電梯，我們把行李搬到 4 樓時差點斷氣，房間目測大概四、五坪是有衛浴的套房，不用跟別人共用浴室，月租價格對我們來說算滿貴的，一個月要七、八百英鎊，約臺幣 28,000 ～ 32,000 之間，但是有幾天到了晚上我要洗澡時，莫名變成冷水，後來寫信問才知道，屋主的室友十點就把熱水器關掉了，完全沒有事先通知，就讓我洗了冷水澡，當時天

倫敦筆記

　　Hello UK 是一個類似論壇式的討論網站，可以將自己的經驗或是想發問的問題，發表於這個網站上做討論，算是最早期成立的英國打工度假相關社團，有豐富的食衣住行育樂等資訊。

日租於臺灣人的家

超級大的廚房

氣很冷，真的火冒三丈，不知為何在國外洗到冷水澡會特別委屈（在國外生活，不管遇到什麼挫折，馬上會放大 100 倍，大家要有心理準備）。

　　除了洗到冷水澡和當了兩天舉重選手爬上爬下外，其它一切都很好，進房時看到雪白美麗的白地毯覺得很舒適也很驚艷，周邊的環境很便利，有大賣場 Tesco 可以逛，還有一個大湖畔可以散步和賞鴿子，明明鴿子大便很毒不適合靠太近，但成群的鴿子常給人一種平靜祥和的感覺。

鋼琴與電視

第二個家

〔位於倫敦東北 3 區 地鐵：Hendon 站〕

　　這個家也是在 Helllo UK 找到的，房東太太說這房子有 80 幾年的屋齡，外面的樣子非常美，但往裡面一走第一眼覺得好破舊陰暗，房間還有怪味道，內部只有兩層樓、一個浴室、一個廁所，共四個房間價位都不同，我們看了在廚房旁邊最便宜的雙人房，兩人入住每週 120 英鎊包水電，要住半年才可以退押金一個月，當時看完面有難色想要拒絕走人，但房東太太很熱情的叫我們先住下來明天再說，當時天色很晚也覺得房東太太人不錯，就留宿了，一住就住了 7 個月。

　　小確幸之一就是，我們房間後面有一個很大的花園，某天赫然發現有蘋果樹，還有桑葚樹，讓人有置身在伊甸園的錯覺。只是這個家離 Wei 上班的地方很遠，他要花一小時時間才可以到達中國超市，因此計畫著等半年租期到，就搬到近一點的區域。

　　當我們跟房東提要搬家時，她忽然說要住一年才可以退押金，可是當時入住時是說租半年就可以退押金，我們才驚覺根本沒打租屋合約，當時房東太太還跟我說，在英國都是口頭合約，沒有人在打租房契約的，問了前室友有沒有遇到同樣情況，她說她也沒打合約，房東跟她說沒住一年要沒收押金，但她住了兩個月就搬走還是有退押金給她，但她比我們多做了一個動作，入住時有請房東給租屋收據，但房

離家最近的公有圖書館，是我最愛去的祕密基地，也是很重要的娛樂之一

東沒給，只是傳手機簡訊說收到租屋押金，但足以留下居住的證據，所以即使她只住兩個月，房東還是有退押金給她，不然如果不簽租約在英國是犯法的行為，被舉報的話，房東可能會因此惹上麻煩。

當時想說房東太太人很好第一晚還要我們先住下來，我們直接就把四週共480 英鎊押金（約 19,200 元臺幣）給她們，連簡訊和 email 信件通通都沒有留證據！就在各說各話幾天後，房東太太很明白的表示，若不是要我們在這裡租房子，是不會幫忙我們找工作的，我聽她這樣講恍然大悟，原來是押金間接變成工作介紹費了。明白原因之後，沒有再追討押金就搬到第三個家了。

在這個家遇到幾個中國來攻讀碩士的研究生們，還有長居倫敦數年的馬來西亞大叔，其中跟我很要好的是湖南室友小鍾，她聰明有氣質，曾上過中國的益智節目，我跟她有許多共同的話題，最值得一提是她極力推薦我們用 Airbnb 民宿網去其他國家旅遊，一開始有點擔憂，但聽她描述自助旅行的親身經歷後，讓我們勇敢的嘗試用它來訂法國、義大利和西班牙的住宿房間，果然省下大筆的旅費，又得到意想不到的經驗，因此特別的感謝她打開了我們的視野。

1 後院草皮
2 後院的桑椹樹
3 後院的蘋果樹
4 等公車時的夜空
5 四個小爐子的廚房

第三個家
〔位於倫敦東北 3、4 區之間，地鐵：Edgware 站〕

這次改在 Gumtree 網站找租屋訊息，離 Wei 上班地方只有 12 分鐘車程，一個月兩人 500 英鎊包水電，看房子時，房東不知道是不是一時忘了，改口説一個月房租要 550 元英鎊，但一開始打電話問時，他說只要 500 英鎊，我就馬上反應說：「你之前電話裡有說是 500 英鎊耶，如果是 550 英鎊超出我們預算」，他才回說：「好吧！那就 500 英鎊。」房間沒有書桌，我自己從 Argos 買到的 DIY 木桌子，質感非常好，價格相當便宜，才 500 多塊臺幣而己。

倫敦筆記

Argos 在全英國都有店面，賣各種 DIY 傢俱和生活用品，有趣的是，一進門只有收銀櫃檯，要買什麼東西，只能看電腦或是桌上的型錄，也可以在家先上網查好，到店面就直接跟店員說要什麼商品，直接結帳，他們就會到後面的倉庫去拿出來。

英國購物也有一週的鑑賞期，包裝完好附發票，就可以無條件退錢或換貨。

官網：argos.co.uk

DIY 木桌

1 樓客廳落地窗

　　9 月的某一天熱水器壞掉，有好幾天我自己用電水壺燒熱開水洗澡，深深覺得生活品質的重要性，聽說英國修繕房子本來就效率很慢，真的不能期待像在臺灣一樣的效率，不然會大大的失望。我們住了 8 個月多月後，要先去歐洲旅行，準備要搬走前拍了好多的照片作紀念。

　　為了省錢，當時沒有買被單，只有蓋全白的內被，英國空氣很乾，所以衣服都是晾在室內，只有太陽特別大才會到後院曬衣服，所以，很難在英國的房子看到人家在陽台曬衣服。這個家的客廳和廚房空間都很大，有時可以跟房東太太一起煮東西聊聊天。排除小小孩他們真的太吵之外，其實還滿可愛的啦，據說我們搬走後，他們常在問我們去哪兒了？聽說孩子很想我們。

搬家當天跟孩子們道別

第四個家

〔 位於倫敦東 2 區，最靠近的地鐵站：Plaistow 站和 Stratford 站之間 〕

這個房子是在 Airbnb 找到的雅房，一個晚上才 29 英鎊（約臺幣 1,160 元含清潔費和服務費），我們去歐洲旅遊回倫敦後，只有短暫住 3 天的家，屋主是英國人，主人很安靜都不太說話，常看他默默的的做家事默默的走動著，我想這就是英國人的個性之一：很慢熟！記得我有個英國客戶，寫了好久的信，大概半年後才熱絡起來。

房子的外觀樸實，內部走溫馨的路線，當時有幾對來自歐洲的情侶在這短住，煮飯時會遇到，可惜沒有太多交談，可能是住的天數太短，如果長住的話，比較能夠有互動。

在英國的第四個家

租屋心得

　　我們租的四間房子大多都是分租的形式，且都有其他國家室友，主要還是希望可以在當地交到一些朋友，或更了解在倫敦長久居住的人的生活形態，一直有股好奇心想要深入當地文化，忽然想起德國同學曾說他想變成蚊子，因為他可以偷聽他的法國房東說話，他的法國女屋主常在哭，他很想知道她們發生什麼事，我忽然也好想知道到底我們室友和鄰居們是在吵什麼架，常音量大到嚇人，讓人疑惑怎麼住倫敦的夫妻都愛吵架又愛哭呢？

　　或許我跟 Wei 知道我們只有短短的幾個月會住在這裡，所以非常放鬆也珍惜每天的時光，長期居住在倫敦的人們可能有不同的生活壓力，那種時光有限分分秒秒都珍貴的感覺，他們比較體會不到，或許，在國外旅行，就是因為時間有限，才值得懷念吧！

　　還有，回租屋處後，不管再累，一定要出來跟室友互動，有時得到的資訊情報會比網路更多更真實，收穫超乎想像。但是要提醒大家，室友擺在浴室的東西千萬別亂用，記得當時曾見到男室友使用我的肥皂，可是我一直不敢說，放在浴室的肥皂都是用來洗內褲的（希望他們永遠不要看到這本書，哈哈！）。

倫敦筆記

關於找房子方面的建議：

1. 先問有沒有打正式合約：在倫敦租屋太多都是口頭合約或是簡單合約，但正式合約才可以受到政府保護，才討的回押金（除非想把押金當成丟到水裡拿不回來）。
2. 租金是可以協商的。
3. 看房子時，要注意浴室蓮蓬頭的水壓：我們人生中洗到最小的水壓就是在英國，保證洗澡會厭世，陰影太深，後來回到臺灣看房子時，都會習慣開蓮蓬頭看水壓。
4. 詢問同住的室友是什樣的人：是否有跟房東同住、是否有小孩、是否有抽菸。
5. 詢問有沒有禁菸或可不可以養動物（養老婆是絕對沒問題）。
6. 大家記得入住和離開時，一定都要拍照，曾聽說有人被房東指控弄壞東西要扣押金，如果沒有照片存證，真的會啞口無言。
7. 不管發生什麼糾紛，人在國外力求平安就好，金錢的事可以先放下。
8. 最好有人陪同前往看房子，確保人身的安全。

倫敦的吃吃喝喝

　　很多人都說英國食物難吃，真的要為它平反一下，在這裡還是有很多好吃的東西，但是就是貴，要超過 20 英鎊才吃的到英式的餐點，在中低價位要買到好吃的熱食比較難，最傳統的就是 fish & chips，10 英鎊左右就買的到，不然就要吃速食類，此外，就再也沒有其他變化了。

　　我個人覺得英國因為信仰的關係，覺得粗茶淡飯就很好，大部分食物料理方式都很簡單，燙一燙烤一烤再自己依口味佐調味料，或是配生菜沙拉，這也可以解釋為什麼歐洲的人都比較纖細，大概就是這種飲食方式的關係。英國很少有自己的英式家庭料理，我覺得吃食物的原味，簡單烹調就是英式料理了。

早餐的選擇

✿ 傳統英式早餐店用餐

　　有許多餐館專門提供英式早餐，主要都是熱食，價位最高，一個人吃一餐大概要 7 ～ 15 英鎊，看怎麼吃怎麼點。大多集中在市中心，所以住在倫敦三、四區的我們，不曾早起去吃過早餐，第一次吃到英式早餐是在巴斯吃到的，建議可以嘗試吃吃看，非常營養豐盛。

很豐盛的傳統英式早餐

✦ 速食店早餐

　　麥當勞早餐提供的選擇跟臺灣完全不一樣，價位大概在 2.19 ～ 3.89 英鎊之間。

英國的麥當勞早餐，一份約 7 英鎊，約臺幣 280 元

✦ 賣場美食

　　到大賣場買現成的三明治、沙拉、麵包、蛋糕、麥片，算是外食最便宜的選擇，應有盡有，最便宜可以買到 0.55 英鎊的都有，但是就只能吃到冷的食物，也可以先買回家隔天加熱再帶出門。

1 超市的義大利麵沙拉
2 超市的蕃茄起司麵包
3 超市的巧克力蛋糕捲
4 超市的小型可頌麵包

中餐和晚餐的選擇

1. 餐館：普遍價位都在 10 ～ 20 英鎊左右，炸魚薯條大多 10 英鎊左右，只能外帶的餐館價位最便宜。
2. 速食：以麥當勞為例，最普通的小漢堡是 0.89 英鎊，但是真的很小，完全吃不飽，套餐大約在 4.49 ～ 5.99 英鎊之間。
3. 超市：有些超市會賣烤雞、炸雞之類的熱食，還有剛出爐的麵包。
4. 公司供餐：華人的餐廳或是超市都有供餐，Wei 不管在中國城餐館或是在華人超市，正餐時間都吃的非常的豐盛，也不會扣吃飯錢。
5. 自己做：其實一開始我從來沒想過到倫敦會開始學煮菜，實在是因為看到超市的食材都有夠便宜，為了在倫敦活下去，還要想盡各種方法省錢，所以，本來不敢開瓦斯的我，逼不得已要硬著頭皮打火，原來到了陌生的地方，真的是可以激發潛能的。在英國很流行自己做東西外食，有時去公園都會看到一家人帶著 homemade 美食出來野餐，省錢又營養，又可以吃飽飽。

英國超市介紹

✦ 平價中小型超市（類似臺灣全聯的規模）

01 LIDL

德國超市，舉凡在英國買到最便宜的食材都集中在這裡，最出名就是餅乾和巧克力，曾經買過一片只要 39P（約 16 塊臺幣）的葡萄乾巧克力，還有特有的紅酒 Baywood，是在英國生產的，一罐才 2 英鎊多耶！口味很適合女孩，是我在英國喝過最好喝的果香紅酒，有時候會有特價花車，販賣一些很便宜的生活用品像是小電鍋之類。

02 ICELAND

英國本土的超市，甜點和冰淇淋在 1 ～ 2 英鎊左右平價又好吃，而且 1 英鎊的即食餐盒種類非常多，懶得煮的上班族，可以買這種微波食品，最忙碌的時期，晚上就吃這個果腹吧！

03 1 英鎊店
（有三個知名的店 Pound Land ／ £1 stores ／ 99P store）

　　類似臺灣的 10 元商品店，有賣各種五金和生活用品和食物，想的到的應有盡有，特點：文具和清潔用品相當便宜，規模最大的 1 英鎊店是 Pound Land。

INFO

LIDL
🖥 lidl.co.uk

ICELAND
🖥 iceland.co.uk

1 英鎊店
🖥 poundland.co.uk

⭐ 平價中大型超市

01 TESCO（特易購）

　　英國最大超市，全球第三大超市，幾乎到哪都可以看到它的分店，倫敦市中心也有 Express，規模較小，方便大家購買食物。

02 Sainsbury's

　　英國第二大超市，倫敦市中心有較小一點規模的分店，還提供熱食，可以買到熱呼呼好吃的中餐，有的分店會有甜點小舖，可以吃到現做的餅乾或是蛋糕，如果剛好有逛到，可以去買一些東西填飽肚子。

03 ASDA

　　是美國的超市 Walmart 的分支，在英國是第三大超市，但倫敦只有兩家，我們搬家到第三個家後，剛好在附近走路 10 分鐘的距離，所以常到這家去逛。

04 MORRISON

　　英國第 4 大超市。

05 ALDI

　　德國大型連鎖超市，也是英國第 5 大超市，特色是麵包總類很多。

06 The Co-operative Food

　　這家在 2017 年前也是第五大超市，後來被 ALDI 取代。在倫敦很少逛到這家，在我的語言學校附近有一家，有時會進去買一些麵包和點心，價格平價。

INFO

TESCO
🖥 tesco.com

Sainsbury's
🖥 sainsburys.co.uk

ASDA
🖥 asda.com

MORRISON
🖥 groceries.morrisons.com

ALDI
🖥 aldi.co.uk

The Co-operative Food
🖥 co-operativefood.co.uk

✨ 高價中小型超市

01　Waittrose

是英國第六大超市，皇室特別喜好，人稱貴婦百貨，真的是不便宜啊！進去都當做觀光在閒逛，小資跪婦完全買不下手；比較特別的是申辦會員卡每天有一杯免費咖啡可以喝。

02　Marks & Spence

始於 1884 年的百年超市，價位也不便宜，每天會有即期三明治做特價，品質不錯，可以在傍晚時間去撿寶看看。

INFO

Waittrose
🖥 waittrose.com

Marks & Spence
🖥 marksandspencer.com

✨ 華人超市

倫敦散落著大大小小的 40 幾家中國超市，此篇介紹最大和最方便的各一家，大家也可以注意看看住家附近有沒有小型中國超市，每到臺灣人的節日的時候，不管你愛不愛臺式料理，一定特別想家鄉味，不論是湯圓、粽子、月餅、火鍋湯底，想的到的在中國超市全都買的到。

01　榮業行：

英國最大華人超市，但倫敦只有一家 Cricklewood 分店，位於北倫敦，Wei 就是在這家店上班。

INFO

榮業行倫敦 Cricklewood 分店
🕐 星期一～六 09：30-19：00、星期天 11：30-17：30
🏠 395 Edgware Rd London NW2 6LN UK
☎ 020 8450 0422
🖥 wingyip.com

02 龍鳳行：

在市中心的中國城，可以去逛逛，交通方便性佳。

INFO

龍鳳行
- 🕐 星期一～六 10：00-21：30、星期天 10：00-21：30、Bank Holidays10：00-21：30
- 🏠 42-44 Gerrard Street London W1D 5QG
- ☎ 0207 437 7332
- 🚌 www.loonfung.com

> **倫敦筆記**
>
> 　　除了中國超市外，其他超市在全英國都有非常多的分店，只要進官網找到「Store Finder」功能，輸入當地的郵遞區號就可以找到離家最近的店家，官網可以下載到最新的特價型錄（英國用的單字是 leaflet）。前往時也要特別注意營業時間，有些超市很早就關，尤其星期日大部分都只有營業半天。英國的郵遞區號編的很仔細，若是上網訂東西，打郵遞區號就可以快速找到我們家的地址全址，所以郵遞區號一定要記好，很好用。

LIDL 超市

✦ 高 CP 值的平價超市

我們最喜歡逛 LIDL，大部分的商品有比其它超市便宜，只是需要坐公車大概 15 分鐘，所以如果平時需要急買什麼食材，當然還是離家近的超市會比較方便，除非是超市的特定商品，像 LIDL 的麵包就便宜又好吃，ICELAND 的冰淇淋和 1 英鎊即食餐盒選擇特別多。另外，建議大家，如果有特別喜歡哪一家超市，一定要記得辦會員卡，有時會有集點活動或是給會員專屬的優惠。

✦ 傳統市場資訊

傳統市場的菜和水果都比超市便宜大碗，讀者們可以跟鄰居交流看看附近有哪些市場。只不過要注意，常常會因為價格便宜而不小心失手買太多，但是分租套房的冰箱空間都有分配的限制，所以要特別注意食物的分量及保存方式。傳統市場一般不會給發票或收據，結帳需注意是否金額正確。

在英國逛傳統市場時，我們有從臺灣帶了一個買菜的折疊手推車去，無敵方便好用，因為大包小包的要搬回家真的太難，如果因此就懶得開伙，實在太可惜。只是這種推手在英國不容易找喔，記得當時還有路人問我們在哪裡買的，真的輕便好用！大推！

1 傳統菜市場　2 手推車是買菜的好幫手

動手做菜超省錢

　　介紹完這麼多買菜的地方，現在就來跟大家說說到底一餐要花多少錢，讓大家有個概念，親自作料理絕對是又省又吃的飽飽。

✦ 動手做早餐

　　全麥吐司超便宜，有時我們會去 LIDL 買一條很大條 20 片，最便宜才 0.5 英鎊（約臺幣 20 元），但是比較小片一個人要吃 3 片才夠，我們上班和上課時都是做三明治吃，因此也買了各式的抹醬，超市販售的抹醬價格差異很大，我們都盡量買在 2 英鎊左右，一罐約是 15 次份（一次約臺幣 5 元）。另外，英國的巧克力口味有些會過甜，有時是朋友送的不吃又可惜，為了解決這問題，我把它用微波爐加熱變成巧克力醬，每片：無價！

1 超市的全麥吐司
2 巧克力醬
3 用巧克力塊做吐司

INFO

NUTELLA：400g，2.7 英鎊

Morrisons Hazelnut Chocolate Spread 榛果巧克力醬：400g，1.52 英鎊

01　三明治

我們最愛加生菜、蕃茄、美奶滋、雞肉，一個滿滿料的三明治，一份約臺幣 35 元、牛肉起司漢堡一份約 40 塊臺幣；清晨早起出門準備去旅遊時，帶在車上吃，準備起來快速又方便，肉超大塊又好吃！

1 生菜沙拉三明治　2 牛肉起司漢堡

02　油醋溫沙拉

天氣冷時，早上不習慣吃冷的食物，我會把雞肉和蛋用電鍋炊一炊再加起司片，再淋上黑醋跟橄欖油做成油醋沙拉，實在美味！地瓜和馬鈴薯都是很好的選擇，蒸過再煎焦黃一點的馬鈴薯很健康，吃起來就是薯條的味道！英國馬鈴薯非常平價，可以當成主食來吃，一碗大概臺幣 15 ～ 20 元。

倫敦筆記

可以帶皮煮的馬鈴薯英文名字叫「jacket potatos」，在英國相當普遍，主要是拿來烤的，另外，超市還有已經調好味道的馬鈴薯（蒜味和奶油）可供選擇。

煎馬鈴薯

03　Pretzel

一定要推薦一下，德國很傳統的食物「Pretzel」，味道鹹鹹的，質感較硬，但嚼起來鹹香，價格便宜，是吃粗飽的選項喔！在德國超市 LIDL 可以買的到。還有做成小餅乾造型的有鹹鹹胡椒味，味道很香，超市都買的到（一包 175g 約 1.5 英鎊）。

德國傳統早餐

04 Totilla wrap

雞肉捲餅的皮「Totilla wrap」，可以當作蛋餅皮做出很多不同的料理。Totilla 全麥口味 1 包 8 片 0.95 英鎊，1 片臺幣 4.75 元，做成一個雞肉捲餅約臺幣 30 元，雞肉加培根蛋生菜捲餅約臺幣 20 元。

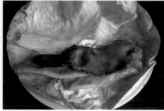

利用「Totilla wrap」製作捲餅料理

05 飲品的選擇

英國的伯爵茶出了名好喝，茶類的產品很多種類，除了英國國民品牌 Twining，也有喝過超市的其他品牌，相較起來，Twining 口味還是比較天然。Twining 伯爵茶（Earl Grey）味道很香，我們會加上牛奶和砂糖變成伯爵奶茶；而超市即溶咖啡也很好喝，可以到 1 鎊店買咖啡粉和可可粉，兩種加在一起就是特調卡布奇諾。

1 Twining Earl grey 伯爵茶
2 即溶咖啡
3 自己做的漢堡配上 Twining Earl grey 伯爵茶，就是我們超幸福的早餐

🌸 親自下廚做正餐

出國一定要有「大同電鍋」，我們是到倫敦後用 4 英鎊（約臺幣 200 元）買到二手的，如果一時找不到二手的電鍋，建議可以去德國超市 LIDL 買，特價的時候也不到 10 英鎊（約臺幣 400 元），但有時店裡不一會有庫存，可以問店員或寫信問看看（專門用來煮米的電鍋英文單字是「Rice cooker」，如果要有蒸的功能就是「Steamer」）。如果 LIDL 沒有庫存，可以去 Morrison 找看看，多功能三層的大概 30 英鎊（約臺幣 1,200 元）左右就有了。

小的大同電鍋

🌸 我的中餐

倫敦上班族和學生大多都是帶簡餐去吃，我的午餐，有時候會加上草莓，看起來畫面超療癒，吐司一定要夾很大塊的雞肉，不然很快就肚子餓。基本上來說，我的早餐跟中餐都差不多，所以會盡量變換不同的口味（雞肉水果三明治一份大概是臺幣 45 元）。

我的中餐是雞肉水果三明治

✦ 自己做晚餐

01　1 英鎊的冷凍「即食餐盒」（Ready meals）

　　剛到倫敦不久的人可能都會被即食餐盒所吸引，不過有一次好奇不小心買到超市的羊肝飯，肝的單字是「liver」，選購時眼睛要睜大，很腥的味道真是讓我們嚇壞了（如果也不喜歡腥味的讀者，千萬不要買）！！

　　ICELAND 1 英鎊的冷凍餐盒，味道調的很好，是臺灣人會喜歡的口味，咖哩飯和千層麵物美價廉，好吃又大碗，在炊煮冷凍即食餐盒時，可以加蕃茄或是綠花椰菜進去，營養更均衡。有各種口味種類可選，我們常吃的是：酸甜雞肉飯、蕃茄千層麵、蕃茄義大利麵、咖哩飯。

1 超市一英鎊美食料理
2 好吃的酸辣醬飯只要一英鎊

02　義大利麵

　　我本身就熱愛義大利麵，煮起來方便又好吃。有一種義大利麵，看起來很像方型的餃子名字是「Ravioli」，很多超市冷藏區都會有，我是直接拿電鍋加水在內鍋炊就超美味，但是好吃到忘了拍照；另外還有最愛煮的蝴蝶結義大利麵，煮起來畫面好美，色香味俱全，加一些蔬菜更是健康又口感鮮甜，淋上超市買的義大利麵醬料，美味又好吃（麵條義大利麵一次約煮 150 ～ 200g，一碗約臺幣 30 元，若再加一片起司則約 33 元；若加上蔬菜約臺幣 40 元）。

3 螺旋狀的義大利麵
4 蝴蝶結義大利麵

03　蕃茄起司

這道一定要推，好吃到爆，有些歐洲飯店會提供這道食物當早餐，作法很簡單只是簡單把起士片放在切一半的蕃茄上去烤一下或微波一下就好。傳統市場的蕃茄特別便宜，中型的蕃茄 1 個約 4.6 元臺幣，起司一片 2 元臺幣，加起來 1 盤大約 16 元臺幣。

04　香料燴飯

香料燴飯主要是 Andreas 介紹我加的香料粉，味道超級好吃的，他還特地帶我去超市找（各大超市都有在賣，1 包 1.19 英鎊臺幣約 48 元，煮一碗公的分量約臺幣 27 元），可以省下很多調味的麻煩，又可以吃到各式不同的風味。原本的吃法是把香料粉用來醃雞肉，再拿去烤或煮，但我的吃法是加馬鈴薯和青菜煮成燴飯。

倫敦筆記

以前覺得煮東西很難，在臺灣連轉開瓦斯都很害怕，倫敦的廚房有些很老舊，需要自己拿烤肉用的打火機才能點著，而我萬萬沒想到，居然是在倫敦克服心理障礙真正的打火學會煮菜，莫名也喜歡上煮熱熱的食物來吃。

原來，簡單的食材用少量油煎再加調味料就非常的好吃！只要食材新鮮，幾乎沒有太特別的食譜或技巧，但是大家千萬記得廚房安全，一定要記得關火，千萬別笑，我的室友們有好幾次，鍋子都拿走了，但爐子上的火都還在燒著，我們睡廚房旁邊的房間，好幾次被嚇的半死，害我常神經緊張到，即使出門了還在擔心自己是不是也忘了關火。

1 調味包
2 用調味包做成的馬鈴薯燴飯

05 庫斯庫斯飯 COUS COUS

　　這是在超市無意間發現的飯，長的像小米，但原料是跟做通心粉一樣的小麥，是穀物的一種，經過處理變成小小的顆粒狀，超市販售一整包的調味包，有各種口味可以選，特點是有飽足感熱量極低又富含蛋白質，價格也很實惠。cous cous 只要簡單用熱水泡，就會澎脹變成像飯一樣的軟軟主食（1 包 100g，0.5 英鎊），當時要出遠門去旅遊會特地做成中餐便當。非常推薦煮完 cous cous 後再淋上橄欖起司塊（Olive cheese cube）來調味，也可以加在義大利麵或沙拉裡，橄欖起司塊在 LIDL 可以買的到（約 1.6 英鎊，約臺幣 64 元），其他大超市也有賣，只是包裝不同要找一下，回臺灣後有在好市多找到它，值得回味的好滋味。

1 COUS COUS 野餐便當
2 COUS COUS 一包就可以煮
　好大一碗公
3 olive cheese cube

🌟 水果

在這裡三餐都會吃一顆水果，草莓很便宜，洗一大碗來吃都不會心疼，蘋果跟桃子一大包都是 1 英鎊喔！蕃茄跟蘋果切丁淋沙拉醬就很美味！一大份差不多是 20 元臺幣。沙拉有非常多種選擇，很大罐價格也很划算，有低脂的可以選購，對身體比較沒有負擔。

🌟 零食 & 甜點

Wci 從小家裡就有一個點心木櫃，婆婆為四個孩子準備的。而這個習慣他也帶到英國，所以我們有一個專門放餅乾糖果的空間，他從小就有自制力，可以克制一次只吃一兩片，但我是那種一包打開就要馬上吃光的人，每次他買回來的零食全都是被我吃完，我曾叫他上鎖或是藏起來都沒用，馬上被我找到，這就是後來變胖的原因，不然其實在英國三餐都自己煮，健康又低卡，是絕對會瘦，就敗在吃零食。其中 chips 只要 1 英鎊就一大包啦！鹹香順口，不小心就整包全沒了。

英國的下午茶餅乾叫「biscuit」，就我們所謂的「cookies」，一盒也是 1～2 英鎊就有了。造型小餅乾和蛋糕可以在 Saintsbury 買到的，是每天現做的手工餅乾，買三個總共 1.78 英鎊，約臺幣 71 元。另外推薦，甜度比較剛好的 Iceland 蛋糕，2 英鎊就有，真的是一大福音；還有 2 公升的冰淇淋才 1.5 英鎊而已。另外推薦英國自有品牌的巧克力「Cadbury dairy milk」巧克力，是英國本土品牌的巧克力，最普遍的 200g 的牛奶巧克力磚是 2 英鎊，但是口味偏甜，如果好友是螞蟻人，可以買回去送禮。

1 Chips 非常的平價
2 丹麥餅乾英國俗稱「biscuit」

1 Iceland 蛋糕正面　　2 Iceland 蛋糕剖開
3 造型餅乾和巧克力蛋糕　4 2 公升冰淇淋的克力冰淇淋

5 Cadbury dairy milk　6 MAGNUM 巧克力冰棒

Part 4

1 小蠟燭燈光隔外
　溫馨
2 巧克力蛋糕
3 草莓蛋糕

　　第二次在英國幫 Wei 生
日，買了好吃的美食，Wei 在
我關燈點蠟燭時眼框紅了，
看到他心中的感動，我們人
生忙忙碌碌，要的東西卻簡
單到讓人驚奇啊！蛋糕店買
的巧克力蛋糕超好吃，兩個
4.1 英鎊，約臺幣 164 元。

INFO

草莓蛋糕和巧克力蛋糕購買資訊
Bake & Cake

◎ 每天 10:00 -20:00
🏠 178 Kilburn High Road，Kilburn，London NW6 4JD
☎ 020 76252533
🚌 1. 最靠近的火車站名：Kilburn High Road Rail Station
　　2. 最靠近的地鐵站：Kilburn Park Underground Station
　　3. 可以搭的公車：16、32、98、189、316、332、632、
　　　 N16、N98，停靠站：Priory Park Road 或 Quex Road
　　　 或 Kingsgate Place

八月底天氣正熱，Wei 說好想念珍奶的味道，明明我們再不到兩個月要回臺灣了。最後還是去了倫敦市中心買臺灣來開店的珍奶，吃到了珍珠奶茶如獲至寶，超好喝的味道跟臺灣一模一樣，沒有調整成老外的口味，大杯的約 4.44 英鎊要臺幣 170 多塊。

1 臺灣的珍珠奶茶分店
2 秒殺剩一半
3 倫敦日出茶太正門口

INFO

日出茶太 -London China Town

🕐 每天 11:00 - 23:00

📍 4 Gerrard Street Chinatown London W1D 5AP

🚌 1. 最靠近的火車站名：無直達
　　2. 最靠近的地鐵站：Leicester Square Underground Station
　　3. 可以搭的公車：14、19、24、29、38、176、N5、N19、N20、N29、N38、N41、N279，停靠站：Dean Street ／ Chinatown、Gerrard Place ／ Chinatown、Cambridge Circus、Leicester Square Station

💻 chatimeuk.com

在倫敦生活還一個小確幸是倫敦的冰淇淋車，除了會播音樂外，造型也實在太可愛了，它有分定點式的或是沿途販售的，我只有買過定點式的，真的好吃，以後如果聽到外面有音樂聲不要以為是垃圾車，記得快點手刀奔出去。

1 冰淇淋音樂車 - 從家門口經過　2 冰淇淋音樂車 - 定點式停靠

✦ 酒類

平時有小酌習慣的朋友要好好珍惜喝酒的機會，畢竟歐洲有許多酒莊，很容易取得好酒。在超市買到的酒就很好喝，不是一到英國就變酒鬼啦！在國外不容易取得中藥，就只好喝紅酒補血了，回國前八個月喝掉 15 罐左右，微薰的感覺覺得好幸福啊！蒐集起來的酒瓶排排站意外的變成一種藝術！有時我還拿它們來曬襪子呢！

這牌子的啤酒好好喝

倫敦筆記

以下是我覺得最好喝的兩罐，偏甜口味，少女們愛喝的那種類型。
1. Kopparberg 草莓啤酒，500ml 2.2 英鎊，各大型超市可以買到。
2. Baywood 紅酒，750ml 2.49 英鎊，要到 LIDL 才買的到。

喝完的酒罐子

外食篇

✦ 吃到飽餐廳

這家店是各種肉類吃到飽，吃到飽的英文就叫「All you can eat」，而且不用 10 英鎊，真的太幸福囉！本人我是大胃王級的食量，吃到店員都一直盯著我們看，遇到我們應該是賠很大，這間店是長期居住在倫敦的部落客「倫敦人妻習作簿」推薦的。

INFO

波斯烤肉吃到飽餐廳
Mahdi restaurant

🕐 12：00- 23：00
💲 週間 7.90 英鎊／一人，假日 8.90 英鎊／一人
☎ 0207 625 4344
🏠 2 Canfield Gardens London NW6 3BS
🚌 1. 最靠近的火車站名：South Hampstead Rail Station 站
2. 最靠近的地鐵站：Finchley Road Underground Station 站
3. 可以搭的公車：13、31、113、187、268、C11、N28、N31、N113，停靠站：Finchley Road Station、Fairfax Road
🔲 facebook.com／mahdi.restaurant

1 波斯烤肉吃到飽一烤肉串　2 波斯烤肉吃到飽一自助吧

🔅 炸魚薯條店

　　炸魚薯條是英國名產，特色是炸的魚都很大一尾，約為男生手掌大小，有好幾家我們回臺灣前特地再去吃一次，一份大約在 7.5 ～ 16.95 英鎊之間（臺幣 300 ～ 678 元之間）。

INFO

Fish and Chipper
🌐 每天 08：00 - 02：00
☎ 02074373215
🏠 47 Cranbourn St London WC2H 7AN
🚌 1. 最靠近的地鐵站：Leicester Square Underground Station
　 2. 可以搭的公車：14、19、24、29、38、176、N5、N19、N20、N29、N38、N41、N279 停靠站：Dean Street ／ Chinatown、Gerrard Place ／ Chinatown、Cambridge Circus、Leicester Square Station
🔗 fishandchipper.co.uk

蕃茄醬給很多的炸魚薯條

🔅 異國料理

　　在倫敦的市集裡經常有便宜又好吃的異國料理，大約 10 英鎊就可以吃得很飽，如聖誕市集、Camden town 的市集，店家多達數十家。

異國料理 Camden town 美食區

1 墨西哥料理的攤位　2 墨西哥料理

3 肉捲攤位

我們在倫敦的信仰生活

在臺灣時，我和 Wei 在靈糧堂的大家庭中聚會團契，時常受到許多弟兄姐妹的照顧，決定前往倫敦的第一時間，聯絡了倫敦靈糧堂，而聯絡人吳伯伯真的很友善，願意把住家地址提供給我，作為入境卡「地址」的填寫處，當時真的很感謝他們。

倫敦靈糧堂

當我們到倫敦時的第一個星期日，就立刻去了南部的「倫敦靈糧堂」，一進去就立刻找尋當時聯絡的吳伯伯、吳媽媽。聚會後大家一起吃飯，席間，他們不停挾肉給我們吃，讓我們感覺就像回到家一樣，好感動喔！第一週吃到好多的雞翅，第二週星期日又去了倫敦靈糧堂，教會姐妹給我們帶回了兩大盤魯肉高麗菜麵，還有一位姐妹給我們旅遊資訊剪報和餐廳折價券！

深深感受到，在國外生活有教會的聚會，真的是心靈很大的支柱。還記得，在我們房租押金被扣押心情很不好時，教會裡的吳媽媽常為我們禱告，並提供很中肯的建議，我們才可以放下金錢。直到現在，逢年過節都會跟她們聯絡，寫一些祝福的話，她說常想起我們是很蒙神祝福的夫妻；我也會永遠記得他們在倫敦給予很多協助還有打包好多菜給我們，真的很感動！

回到臺灣後，我懷孕時，還收到他們從倫敦寄來的包裹，是英國品牌的女寶寶洋裝套裝，內心驚訝又開心，原來，「友誼」才是打工度假回國後，回味那一段人生故事最重要的根據，請大家一定要認真交朋友喔！

INFO

倫敦靈糧堂
Bread of Life Christian Church in London，U.K.

- 負責同工：吳偉國 William Ng
- 主日崇拜時間：星期日 15：00
- 0208 657 7562
- 23 Wisborough Road Sanderstead Surrey CR2 ODR
- info@bolcc.org.uk
- bolcc.org.uk

1 倫敦靈糧堂中文招牌
2 第一次去時吃到的雞翅義大利麵

3 拿看板拍團體照

Hillsong church

　　Wei 開始工作後，星期日比較不能請假去倫敦靈糧堂，只好找晚上可以聚會的教會。在臺灣時就知道 Hillsong church，他們以創造流行詩歌聞名，出了許多全世界都暢銷的專輯，重點是非常的好聽，不注意聽都會以為是熱門流行音樂。每次去都覺得像在聽演唱會，電視裡播放的畫面和內容都像是在看專業的電影或演說，全程英文的講道很迷人，想練英文的讀者可以去聽聽看。

　　聖誕節的禮拜主日，晚上跟 Wei 前去 Hillsong church，結果全倫敦大塞車，到的時侯就散場了，但當時為了留下紀念，就找門口的招待人員拍照；提醒讀者如果要在聖誕節前往做禮拜的話，一定要提早 4、5 小時出門。

　　到倫敦四個月後，我才開始參加小組團契，我們小組的屋主和小組長都是奈及利亞人。他們的家很舒適，廚房超大，很像電視上《The Naked Chef》英國型男 Jamie Oliver 的廚房 每次團契就是一起吃晚餐，他們會煮各式的美食，吃完飯後再一起看《聖經》，為彼此禱告。

　　在接近復活節時，會有找彩蛋（Egg hunt）活動，可以充分感受到國外過節的氣氛，好多可愛的小孩子聚在一起玩遊戲。回國前，在倫敦的最後一次 Hillsong church 主日也特地去跟招牌合照！《聖經，馬太福音 21：22》說：「你們禱告，無論求什麼，只要信，就必得著。」在英國的生活，信仰的支持，對我們來說真的很重要，我和 Wei 都是個性相當迷糊那種，出國後也是一路跌跌撞撞，但上帝一路祝福我們，最後都很平安！

INFO

Hillsong church

在倫敦共有四個地點，且每個地點都有多場不同的主日時間，資源相當豐富，以下列出市中心的聚會點，如果對其它三個位置有興趣的讀者，可以前往官網查看適合的地點和時間。

◎ 星期日 11：00、13：15、15：30、18：00（主日時間）

🏠 市中心的聚會地址：The Dominion Theatre 268-269 Tottenham Court Road London W1T 7AQ

🖥 hillsong.com/uk

Hillsong church 在市中心租戲院當禮拜場地

1 第一次去時就唱歌到感動流淚　2 聲光效果很吸引人
3 一定要跟招牌合照　4 復活節的聚餐活動

臺灣教會與倫敦教會的差異

　　英國是基督教的國家，大多數人固定週日都會去禮拜，所以有些店週日不營業，或是會提早打烊。此外像 Hillsong church 這種大型的教會，聚會人數超過千人，資源豐富，視覺和聽覺的設備都相當新潮，影音呈現方式多元活潑，常讓人感覺上教會是種享受，不過因為聚會人數多，就沒有倫敦靈糧堂的愛宴活動，少了大家一起吃飯的相聚時光。

健康與保養方面

健康

　　英國也有類似健保的體系叫 NHS，持有超過 6 個月的居留簽證，都可以去公家醫院免費看醫生（比較嚴重者會收費），到達英國後，就可以拿護照和地址證明去註冊了。有趣的是英國人超不愛看醫生，因此倫敦的藥妝店林立，最有名的藥妝店就是「Superdrug」，此店備有許多良藥，相當方便。要提醒大家，在英國若感冒了，外出時，千萬不要戴口罩，我當時戴口罩坐公車，有個女孩上車看到我還嚇到，不停地用奇怪眼光看著我，似乎想迴避不坐我旁邊的空位，後來我上網調查才知道，在英國如果感冒了都直接請假，絕不出門嚇人。

Superdrug

保養

　　英國天氣乾冷，如果沒有好好保濕，真的會容易脫皮，我是從臺灣帶保濕乳液過去，推薦舒特膚 Cetaphil 保濕乳液，英國當地超市也有賣，但小小一罐就可以買臺灣的兩大罐，所以建議從臺灣帶去比較省。

在倫敦的花費

在英國期間的前 13 個月，平均起來每個月的花費是 997 英鎊，約臺幣 4 萬元左右。細分各項開銷的支出是如下列所示：

1. 住：每月 500 ～ 520 英鎊。
2. 食：每月 161 英鎊。
3. 交通：我們都坐公車，兩人合計大概每月是 168 英鎊。
4. 消耗品：每個月平均 29 英鎊左右。
5. 手機吃到飽：儲值費用每個月大概 10 ～ 12 英鎊就可以吃到飽。

扣掉以上必要開銷部分，平均約有 120 英鎊是用在玩樂和雜支（包括：寄給家人的禮品、置裝費、保養品、醫藥類費用）。

除此之外，每個月平均約有 100 英鎊的存款，我們用來做為回臺灣前到法國、義大利、西班牙自助旅行的基金，另外，還有收入十分之一留作他用，所以兩個人省著點花，是可以存到錢的。

另外，我們買禮品和衣服等，會到下面這些地方挖寶，全都是英國品牌，特好買，推薦給大家：

1. Primark：從上到下的配件衣服都有（平價路線）。
2. Superdry：設計以日系風格為主，色彩豐富超有型（中高價位）。
3. Londale：主要以運動用品服飾為主（平價路線）。
4. Kipling：主要賣包包，特色是色彩豐富材質很輕巧（中高價位）。
5. Cath kidson：主要是歐系花朵浪漫風格，光看商品展示就會逛到走不了人（中高價位）。
6. Next：服飾店，偏上班族的成熟穩重型路線（中高價位）。
7. Hunter：賣雨鞋和鞋子的品牌（中高價位）。
8. Clarks：賣牛津鞋和長靴等（中價位）。
9. Marks and Spencer：百貨精品公司（中高價位）。
10. LYDC：賣包包和配件首飾（平價路線）。

NexT 服飾店

　　高價商品部分，有去過 BURBERRY 的工廠逛過，雖然款式都是過季商品，對我們來說還是不便宜，逛了好久都還是買不下手，但如果真的很喜歡這個品牌還是可以去逛一下。

INFO

Burberry Outlet
- 星期一至六：10：00 - 19：00，星期日：11：30 - 18：00
- ☎ 0208 328 4287
- 29 Chatham Pl London E9 6LP
- 1. 最靠近的火車站名：Hackney Central Rail Station
  2. 最靠近的地鐵站：Hackney Central Rail Station
  3. 可以搭的公車：30、48、55、106、236、254、277、276、425、394、W15、N55、N253、N277，
     停靠站：Morning Lane ／ Trelawney Estate、Ponsford Street、Hackney Town Hall、Well Street、Morning Lane ／ Retreat Place
- facebook.com/BurberryChathamPlaceLondon

在英國的學習人生

　　剛到英國的前四個月，我都在陪 Wei 找工作或陪他搭車去上班，等他工作穩定後，覺得平時都待在家有點無趣，想要去做不支薪的志工，查了相關的資訊，才發現在英國做志工也是要申請簽證的喔！不是想做就可以做的，要小心不要違法了。

　　Wei 在中國超市工作穩定後，我們就開始討論要不要繼續留下來，雖然他是拿工作簽證，但這種打工度假簽證，配偶不能辦依親簽證，所以一定要去找語言學校，後來找到一間學費很便宜可以負擔的語言學校，學費總共花了 1,119 英鎊，星期一到五每天上 3 小時課，總共 25 週課程，拿到 11 個月的居留簽證，正式展開遊學夢。

初階英文學習

　　關於 Wei 的學習部分，是由我當他的英文家教，但是後來聽說有幾個華人教會有在教英文，打聽之後，Wei 就去了蘇豪堂教會上英文課，第一次我有陪他去，全都是定期居留的華人老人和大嬸大叔們，Wei 是唯一的小鮮肉。

國中程度的英文教材

　　有一些華人教會會提供免費英語教學的服務給在當地工作的華人，蘇豪堂位於市中心，每個星期有兩堂課，分別是星期一和星期三，但是若有讀者決定要前往，還是先打電話問一下是否有開課，有時會因為放假或是特殊情況停課，先確認才不會白跑一趟喔！

INFO

蘇豪布道中心（SOC）

☎ 020 7240 0449

🏠 166A Shaftesbury Avenue London WC2H 8JB

🚉 1. 最靠近的火車站名：無直達站

　2. 最靠近的地鐵站：Covent Garden Underground Station

　3. 可以搭的公車：14、19、38、N5、N19、N20、N38、N41、24、29、176、N29、N279，停靠站：Cambridge Circus、Denmark Street

🖥 ccil.org.uk/tc/congregations-tc/soho-tc

在臺灣時，先教 Wei 基礎的 KK 音標，到英國則是加強會話和文法單字。後來他的英文程度進步超多，只要學會國中英文，要出國自助旅行就沒有什麼問題，他後來可以自己搭機轉機回臺，我回臺灣辦簽證不在倫敦時，他自己去買衣服，買錯還會跟店員說要退換貨；還有一次去藥局檢查糖尿病時，藥局的英國護士問我們一些問題，Wei 還搶著回答勒！跟剛開始到英國時，他躲在我後面不敢講話的樣子，完全判若兩人，所以，大家千萬不要放棄英文啊！30 歲都來的及救。

聖誕節時的倫敦夜晚

我的語言學校

　　原本，我只有申請六個月 24 週的課程，在回臺灣辦簽證的時侯，英國在臺協會的小姐跟我說，如果我再加 1 週的課程，剛好符合規定，可以給我 11 個月的簽證，因此馬上延長課程，順利拿到 11 個月的簽證，但實際我只有上 25 週的課程。

　　在語言學校的課程中學到了很多東西，對我回國後的幫助非常的大，而且，班上同學沒有半個是華人，所以不管再累都被迫要講英文（上課時間是 12：00 ～ 15：15，13：30 左右會休息 15 分鐘，讓大家吃午餐）。我們的學校就在大英博物館旁邊，走三分鐘就到了，交通上很方便，但因為我住在倫敦四區，中間要轉一班公車需一個半小時左右的車程。

INFO

The English studio
☎ 020 7404 9759
🏠 113 High Holborn London WC1V 6JQ
✉ londonbookings@englishstudio.com
🖥 englishstudio.com

✿ 申請語言學校注意事項

1. 一定要有政府認證，否則無法申請簽證。
2. 課程時間要每週 15 小時以上，才算全職（Full time）學生。
3. 課程長度超過 24 週，可以有 11 個月的簽證效期。
4. 不可以兼職打工。
5. 線上簽證系統超多英文單字，但是耐心填寫，還是可以省下代辦費。

✿ 我的語言學校的同學

　　在語言學校期間，認識從各國來的學生，有德國、法國、義大利、西班牙、比利時、摩洛哥、日本、韓國、巴西、阿拉伯、斯洛伐克、烏克蘭、俄羅斯等。每當有同學結業離開時，我一定會加他們的臉書，還有邀請他們合照，留下非常珍貴的畫面，目前都還有保持聯絡，希望將來有一天可以到各國去拜訪他們。

我總共待了兩個班級，第一個班級是英法混血的英國籍老師，我很喜歡她，可惜我太害羞，不好意思找她拍照作紀念。記得有一次她請假，來了個波蘭金髮代課老師，她幫我們代課幾週，印象很深的是她說，她自從決定要學英文後，已經七年沒有說波蘭文，也沒有再看波蘭文，難怪波蘭人的英語程度普遍都不錯。

非常熱情的巴西女孩

與第一個班級的同學合照

班上大多數是西班牙來的同學，有一些同學已經 30 幾歲也有正職的工作，還是選擇來上英文課充實自己，以下是我一直都有在密切聯絡的同學：

01　跟我最好的一位同學，是德國人 Andreas

我們很有話聊，結業後時常用書信保持聯絡，2017 年 12 月他來臺灣找我玩，我們全家一起招待他，他回德國後一直念念不忘直說非常喜歡臺灣，能在倫敦認識一個好友，甚至到我們的家鄉拜訪，是件另人感動的事。

Andreas 來臺灣玩的合照

02　Shuhei 是很搞笑的日本人

他回日本沒多久就結婚了，在 2017 年生了一個男孩，很巧的是我在同年 8 月分生下女兒，我們約定好將來一起在臺灣見面。每當臺灣有什麼天災發生，他一定第一時間傳 Line 關心我的狀況，讓我心裡相當的感動。

SHUHEI 結業當天的合照

03　義大利人 Poalo 在倫敦攻讀醫學院

要回臺灣前一天，我和 Wei 特地找他去喝下午茶聊天，他說倫敦是一個很大的城市，從住的地方到市中心，一趟就要花掉大概 1 小時車程，他平時很少出門聚會，真的有把對方當朋友才會跑這麼遠來聚會。

1 與 Paolo 一起喝下午茶　　2 我和 Verena 結業當天的合照（站我旁邊那個是 Verena）

04　德國人 Verena

我們都在同一天結束課程離開。由於德國很流行高中畢業後，就先到倫敦學英文一年，然後再回去考大學，她跟 Andreas 都是一樣的情況，她的英文非常的好，她說她平時很喜歡看英文原著小說，果然還是要多看書，有練習真的有差，因為我不太愛閱讀，所以我閱讀成績是所有科目裡最差的。

05　西班牙人 Arindna

當時還在唸大學的她，趁著假期去唸語言學校，我們後來去巴塞隆納遊玩時，她超熱情的出來碰面，陪我們一起聊天散步，並特別介紹我去巴賽隆納海邊走走，沒想到是天體營沙難啊！真的讓我留下很深刻的旅遊體驗。

去巴塞隆納時與 Arindna 一起漫步城市中

倫敦國際化的程度，可以交到許多不同國家來的朋友，這座跨越種族的大城市，能夠讓人打開無限的視野。

🌟 課程中的小趣事

01

　　課程中有個代課男老師，他是英國人，上課時會跟我們閒聊，還曾聊到他現在的薪水還有就學貸款的數目，以及現在每月要還款的金額，很有趣！他還曾說，倫敦是一個很不容易居住的地方，但只要能在倫敦生活，就可以在世界上任何地方居住，這句話讓我很有感覺，聽完充滿成就感啊！

02

　　某天下課聽到西班牙同學在聊天，說播報世足節目的西班牙主播英文口音很重，在還沒有出國居住的時候，很希望自己能夠有流利的美式英文能力，也會很害怕自己被說有口音，但到歐洲走一趟之後，發現世界上有各種不同的口音，這是非常正常的事，而學英文的目的，是要能有效的跟各國人溝通，口音並不是最大的問題。

🌟 考證照

　　在英國期間，我去考了一張證照，但這張英文能力證照，只能在歐洲使用，我後來是拿到 CEFR B2 LEVEL 的證書一張（The Common European Framework of Reference for Languages，歐洲共同語文參考標準，簡稱 CEFR），程度等同 TOEIC 785 ～ 940 之間，跟我多益成績（885 分）滿符合的。當時差兩分就可以衝到 C1 LEVEL，C1 程度表示又離母語人士再更靠近一步，大約是 TOEIC 945 分以上的程度，真的好傷心啊，不過回臺灣找工作後，就沒那麼難過了，因為這張證書在臺灣完全沒什麼用處，臺灣企業大多只承認 TOEIC。不過，也因為有這張證照，不會被面試官覺得我只是去倫敦玩而已，而是也有認真學習英文，這點滿重要的，有玩到也有學到，對未來找工作時是最好的。

Part 5 後記

回臺灣以後

Wei 去英國打工度假之前是在外商公司擔任技術員，回國後，就回原公司續任。我在出國前就已經從事國外業務 5 年的時間，還曾在倫敦街頭看到以前公司販售的電動代步車。

不過，回國後，我在找工作的過程中挫敗感很深，時常被問到是否要馬上生小孩，有五個公司的面試官有明講這個問題，他們會一再確認我會不會太早生小孩，雖然問這種問題是不合法的，但我想他們寧可被罰錢，也不想冒著到時候又要再找人的囧境吧！？

在面試次數越來越多之後，也找到比較適當的回答方法，後來遇到伯樂——我的主管游處長，順利的進入自己非常喜愛的百年品牌大公司，薪水比去英國前高一

看到以前公司的產品，有種「桃李滿天下」的感覺

點。開始工作後，覺得在英國待的那段期間，非常的受用，跟客人聊天時，我變的比以前更有話題，會議中，時常要現場口譯國外客人和廠內主管的對談內容，也更加的流暢又快速。

每一個出國待過的朋友，應該都希望回臺後，可以有更好的發展，不然就會覺得這一趟好像白走了，但我還是覺得無論如何，都要有歸零的打算。在我多達十次的面試中，曾聽到一位主管說：「哇～妳薪水要求沒有很高耶！我曾經遇過去澳洲打工度假的，回來就開 X 萬，他又不是做相關的行業，還開這麼高！」 雖然這只是其中一個主管的想法，但我覺得也可能是多數面試官放在心裡的 OS，提供給大家準備面試時的參考。

我們的轉變

　　經過了在國外生活一年多的時間，雖然我們還是原來迷糊的我們，但好像有了部分的轉變，有一些是很值得記錄的，例如：

1. 我的脾氣變好了，畢竟在國外常迷路和損失財務，理智線超常斷掉，不過斷習慣後就變得更有包容力。因為在國外生活不容易，跟 Wei 一路走來，感情也變得更好。

2. Wei 本來是很害羞的，變得自信大方，比以前更勇於表達，我們英文都更溜，不再害怕說錯。

3. 超會自助旅行：這個一生受用，以後要去什麼國家都可以很省錢。

4. 學會煮菜：回臺灣後受益良多啊！

5. 學會分辨「想要跟必要」：出國前常不知道錢都花到哪裡去了，但是去英國後開始學會記帳，回臺灣後延續這個習慣，不但清楚了解消費狀況，存款也慢慢的變多，而且也深深愛上極簡生活模式，對於生活品質變得很容易滿足。

6. 內心安定下來：我和 Wei 在去英國前，曾討論去完英國後要再去其他國家打工，但後來沒想到會一待就一年多，也不會想再去其他國家住了，倒是想趕快回國找份工作貢獻所長，大概人的內心當中，都有一塊愛流浪的角落，心願被滿足後，就會安安定定的去做每件事。這大概是我覺得最大的轉變，看起來動盪不安的生活，卻使人心更加的安定。

7. 旅行是養分：有時遇到挫折再看看在倫敦時的照片，心裡的負面情緒會馬上修復，好像提醒自己，在倫敦都可以生活下去了，還有什麼困難不能解決，於是乎它滋潤著我們的日常生活，變成一種養分。

　　如果問我們會不會後悔放棄累積臺灣工作經驗跑去英國旅居，不只銀行存款沒增加，還完全是去「燒錢」的，老實說就算沒存到錢又不能累積工作資歷，至今都覺得當初決定是正確的。我們時常都覺得這一路的旅程超乎所求所想的美好和奇妙，那段在倫敦的日子就像在夢境裡一樣。因此，想將這一切跟大家分享，這旅程中的點點滴滴與寶貴經驗，包括租房子的經歷和 Wei 找工作的狀況以及生活面的資訊，更希望能夠鼓勵讀者有行動的去追夢，也希望讓想到英國打工度

假的朋友能早點有心理準備，減少內心的焦慮感，更踏實的過在英國的每一分鐘。Wei 還常鼓勵公司裡的實習生趁著有機會時，一定要出國去走走。

　　回想起當時朋友佳穎的一句話：「去歐洲旅居這個機會太難得，也會成為一生中很特別的共同回憶」。以及在臺灣教會主日時，有一個主辦「舊鞋救命」活動的講員楊右任說道：「在告別式中，不會有人去算你銀行有多少存款，也不會去提你這一生開了什麼名貴的汽車，在喪禮中只會提到你人生中有什麼故事和對他人有什麼貢獻，人生不怕沒有錢，只怕死了之後沒有故事可以講。」我當時想法是問自己，如果我們 80 歲時，會不會希望有這一段人生故事，如果是用這個角度看待事情，答案就很明顯了。

　　《聖經》《哥林多前書 2：9》：「神為愛他的人所預備的，是眼睛沒有見過，耳朵沒有聽過，人心也沒有想過的。」我想，不管我們做什麼決定，上帝都會祝福我們的。Cheers ！

聖誕節時，倫敦街道上會有主題性的裝置設計

CHIEN-WEI LEE（姓名）
Permanent address:（這裡填在英國的地址）

Tier 5 – Working holiday visa.
Email: XXXXXXX@gmail.com
Mobile number:（連絡電話）
07506832XXX

Work Experience（工作經歷）	• **XXX Group - Taiwan branch** CNC Milling Machine Technician -CNC Milling machine setting and operation.	March, 2010 – June, 2013
	• **YYY Technology Inc,** Operator / Assembly line of electric mobility scooters. - Assemble the electric mobility scoters.	February, 2008 – October,2008
	• **ZZZ electronics company.** Operator / Packer - Electronic products packing.	Feb, 2006 – May, 2007
	• **AAA Group.,** Operator / Packer - Food and candy packing.	March, 2002 – March, 2003.
Education（教育程度）	• **CH UNIVERSITY OF SCIENCE AND TECHNOLOGY** Mechanical Engineering Department. September 2006 – June 2010.	
	• **CY Senior High School, Taoyuan country,Taiwan** Auto repairs Department, July, 1999 – June，2002	
Certificate（證照）	AUTOCAD, Forklift driver license (Issued in Taiwan), International driver license, certificate of bachelor degree.	
Language（語言）	Mandarin	
Skills（技能）	Motorcycle repairs	
Additional Information（補充說明）	Receptionist of church in Taiwan.	

國家圖書館出版品預行編目資料

到倫敦打工度蜜月 / 黃柳青作. -- 初版. -- 臺北市：
華成圖書，2019.04
　面；　公分. -- （自主行系列；B6213）
ISBN 978-986-192-345-1（平裝）

1. 旅遊 2. 副業 3. 英國

741.89　　　　　　　　　　　　　　　108002600

自主行系列　　B6213

到倫敦打工度蜜月

作　　者／黃柳青Cilia・李建偉Wei

出版發行／〔華杏出版機構〕
　　　　　華成圖書出版股份有限公司
　　　　　www.far-reaching.com.tw
　　　　　11493台北市內湖區洲子街72號5樓（愛丁堡科技中心）
　　　户　　名　　華成圖書出版股份有限公司
　　　郵 政 劃 撥　　19590886
　　　e - m a i l　　huacheng@email.farseeing.com.tw
　　　電　　話　　02-27975050
　　　傳　　真　　02-87972007
　　　華杏網址　　www.farseeing.com.tw
　　　e - m a i l　　adm@email.farseeing.com.tw
　　　華成創辦人　　郭麗群
　　　發 行 人　　蕭聿雯
　　　總 經 理　　蕭紹宏

　　　主　　編　　王國華
　　　責 任 編 輯　　楊心怡
　　　美 術 設 計　　陳秋霞
　　　印 務 主 任　　何麗英
　　　法 律 顧 問　　蕭雄淋

定　　價／以封底定價為準
出版印刷／2019年4月初版1刷

總 經 銷／知己圖書股份有限公司
　　　　　台中市工業區30路1號　　電話　04-23595819　　傳真　04-23597123

讀者線上回函
您的寶貴意見
華成好書養分